Conserver les couvertures

BULLETIN

DE LA

SOCIÉTÉ DES SCIENCES

HISTORIQUES & NATURELLES

DE LA CORSE

XIe ANNÉE
DÉCEMBRE 1891. — 132e FASCICULE

BASTIA
IMPRIMERIE & LIBRAIRIE OLLAGNIER

1891

Morati

SOMMAIRE

DES ARTICLES CONTENUS DANS LE PRÉSENT BULLETIN

                                                            Pages

Sampiero et Vannina d'Ornano par M. Antoine de
    Morati 1-84

Pour paraître prochainement :

Correspondance de Lord Elliot, Vice-Roi de Corse, avec le Gouvernement anglais. — Traduction de M. Sébastien de Caraffa.

SAMPIERO & VANNINA D'ORNANO
1545-1563

SOCIÉTÉ DES SCIENCES HISTORIQUES ET NATURELLES
DE LA CORSE

SAMPIERO

ET

VANNINA D'ORNANO

1545-1563

PAR

M. ANTOINE DE MORATI

BASTIA
IMPRIMERIE ET LIBRAIRIE OLLAGNIER

1891.

PRÉFACE

La mort de Vannina d'Ornano est un de ces drames de famille qui, par quelque côté, échappent toujours aux recherches les plus attentives. Quand il s'agit d'événements de cette nature, les témoignages et les documents n'abondent pas ; le sujet ne se prête guère aux investigations. Il n'est pas aisé, en effet, de pénétrer dans les mobiles et les passions des personnages qui occupent la scène et de retracer, avec une entière précision, des faits qui se sont passés dans l'intimité du foyer domestique. Ces difficultés ne sont pas les seules qui empêchent de présenter les choses sous leur véritable aspect. Il arrive que les contemporains, plus soucieux de l'intérêt des familles, de leur honneur, de leur réputation que de la vérité, cherchent, pour des raisons diverses, à la dissimuler, en changeant les responsabilités, et en répandant sur tout une fausse lumière. — Il en est ainsi de Filippini. Il a laissé de la mort de Vannina un récit incomplet et inexact que tous les auteurs ont accepté et reproduit de confiance. Sa version s'est imposée : on s'y est attaché avec un entraînement irréfléchi ; elle fait l'opinion générale. Nous avons pensé qu'il était temps de l'examiner de près, d'en relever les erreurs et les lacunes, et de traiter enfin plus à fond un sujet que les uns de parti pris, les autres par manque d'études sérieuses ou faute de discernement ont tout-à-fait dénaturé.

Disons-le tout de suite : Filippini n'a pas voulu raconter tout ce qu'il savait sur un événement, qui se passa de son temps, et sur lequel les renseignements n'ont pu lui manquer. Cela s'explique, si l'on considère les ménagements qu'il avait à garder, au moment où il publiait son histoire. Elle parut en 1594, et fut dédiée à Alphonse d'Ornano. Ami du Roi, allié aux premières familles de la noblesse, lieutenant général au Gouvernement du Dauphiné, à la veille d'être nommé maréchal et de recevoir l'Ordre du Saint-Esprit, le fils aîné de Sampiero était en grand crédit à la Cour (1). Comment dès lors soulever tous les voiles, révéler les fautes d'une mère, qui avait gravement offensé son époux, et raconter dans leur horreur les détails de sa mort ? Comment juger avec la sévérité qu'elles méritaient les intrigues employées par les Génois dans cette triste affaire ? Que de précautions à prendre pour ne pas irriter ces maîtres durs et ombrageux ! Leurs ressentiments étaient terribles. Filippini les avait éprouvés ; il se rappelait que, sans motifs, Etienne Doria l'avait menacé de mort, comme suspect d'intelligence avec les Corses, et tenu, pendant dix-neuf mois, dans les prisons à Gênes (2). Il était d'ailleurs, par nature et par état, prudent et timoré. Qu'on juge de son embarras, quand il eut à raconter ce drame de famille, et à dédier son livre au fils même de Sampiero et de Vannina. Pour en sortir, il n'a trouvé d'autres moyens que de passer rapidement sur cette

---

(1) Alphonse d'Ornano fut pourvu de la charge de maréchal le 15 septembre 1595. Il reçut l'ordre du S.-Esprit au commencement de 1597.

(2) Filippini, Tome V, pages 117 et 208.

tragique histoire, d'en supprimer les circonstances les plus pénibles, d'atténuer les torts de chacun, et de rendre Vannina digne d'intérêt, en la représentant comme la victime de son affection et de son dévouement pour ses enfants et son mari. Après tout, son récit est le seul qui mérite l'examen, puisque les autres en sont tirés. Il est inutile en effet de relever toutes les erreurs que l'on rencontre dans les nombreuses Histoires de la Corse, les biographies universelles, les dictionnaires historiques et même dans de graves auteurs, tels que de Thou (1) et d'Aubigné (2). C'est le premier surtout qui, venu immédiatement après Filippini, a accrédité sa version, l'a arrangée et y a ajouté des détails vraiment extravagants en montrant, comme sur une scène de théâtre, Sampiero, genoux à terre, chapeau bas, demandant pardon à sa femme, avant de l'étrangler. — Le terrible vieillard assurément y mit moins de façons. Mais de Thou était l'ami d'Alphonse d'Ornano ; il l'avait connu au temps qu'il étudiait, sous Cujas, à Valence, en Dauphiné, où les Corses tenaient garnison (3). Depuis lors, ils avaient suivi le même parti, et constamment défendu, à cette époque de troubles et de discordes, la cause royale, notamment à la journée des Barricades et aux Etats de Blois. De Thou avait quitté la ville quelques jours avant la mort du Duc de Guise ; quant à Alphonse il y était resté pour prendre part à l'assassinat qu'il avait conseillé (4). On sait qu'il était

---

(1) Voir appendice A.
(2) Voir appendice B.
(3) Mémoires de la vie de Jacques Auguste de Thou, p. 163, Amsterdam, 1713.
(4) « A la nouvelle de l'arrivée à Paris du duc de Guise, le Roi qui était alors dans son cabinet où les sieurs de Villequier et de Bellièvre, avec l'abbé d'Elbène lui tenaient compagnie, se sentit si fort ému qu'il fut contraint de s'appuyer le coude sur la table, et de la tête sur la main dont il se couvrit le visage... Voilà cependant entrer le colonel Alphonse Corse très confident serviteur du roi, et qui avait beaucoup mérité de la couronne. Il se

dans le cabinet du Roi, le matin, quand le Duc fut frappé (1). L'un et l'autre étaient devenus ensuite les fidèles serviteurs de Henri IV. De Thou lui avait dédié l'histoire de son temps, écrite en latin, qui parut à l'époque même où le maréchal Alphonse d'Ornano, à la fin de sa carrière, se trouvait être l'un des premiers personnages de l'Etat. Que de motifs pour ménager l'honneur de sa maison, atténuer les torts de Vannina, et ce qu'il y avait de cruel et de barbare dans les meurtres commis par Sampiero. Historien sincère, bien que fort retenu dans les jugements et toujours disposé, comme il l'avoue lui-même, à adoucir les faits odieux qu'il doit raconter, mais magistrat droit et éclairé, de Thou ne peut cependant dissimuler son opinion, à propos de la conduite de Vannina, et s'empêcher de s'exprimer, sur son compte, dans les termes plus sévères. « On n'eut pas de peine, dit-il, à séduire une femme légère et volage qui haïssait un mari sombre, fâcheux et de mauvaise humeur, et qui aspirait au plaisir de mener une vie plus libre. » Ce n'est pas tout. On a la preuve que les descendants du Maréchal se proposèrent, à toutes les époques, non seulement de dénaturer la vérité sur les causes de ce drame domestique, mais d'en faire disparaître entièrement la trace. L'Hermite de Souliers, qui était un ami des Ornano, n'en dit pas un mot dans le chapitre qu'il consacre à Sampiero ; quant à Canault, le secrétaire des deux Maréchaux qui, avec leurs Vies, a écrit aussi l'abrégé de celle de Sampiero, son assurance et sa fausseté dépassent toutes les bornes, imaginant de le faire arriver à Marseille six jours

---

rencontra dans l'avis de l'abbé d'Elbène qui était qu'après que le Roi aurait reçu dans son cabinet le Duc de Guise il le dépeschat, et lui fit donner le coup de la mort, l'abbé proférant ces paroles : *Percutiam pastorem et dispergentur oves.* — DAVILA, *Histoire des guerres civiles*, traduite par BAUDOIN, tome 2, p. 443.

(1) DAVILA, tome 2, p. 546.

après la mort de sa femme, pour joindre ses larmes à celles de son jeune fils et de ses domestiques vêtus de deuil. Ce sont, d'après lui, les bâtards d'Ornano qui ont accusé Sampiero d'avoir tué sa femme, et Filippini, qui a raconté la mort de Vannina avec tous les ménagements que l'on sait, en a trop dit et n'est qu'un imposteur. Le passage de Canault est si curieux et si singulier d'invention qu'il mérite d'être donné en entier. « Sampiero, dit-il, connaissait la piété de sa dame et en faisait toute sa gloire. Elle lui promit plus qu'elle ne tint pas, et la conduite de cette dame ne fut pas un effet de fragilité ou d'aucune aversion qu'elle y eût : Sa prudence fut vaincue par les grandes promesses qu'on lui faisait du costé de Gênes, par les conseils de ses parents, par les exhortations de quelques domestiques, par l'espérance de conserver ses biens à ses enfants, et de rétablir son mary dans les bonnes grâces du Sénat.

» Il faut icy admirer les effets de la Providence de Dieu ! Cette sage dame emmène le plus jeune de ses fils ; elle s'embarque, elle vient à Antibes : on part le lendemain par un vent favorable, et, comme elle estait déjà beaucoup avancée, il s'éleva tout d'un coup une furieuse tempête, qui, après avoir battu le vaisseau, et l'avoir mis à deux doigts du naufrage, se calma de telle sorte que le vent le rejeta dans le port d'Antibes.

» Anton de San Fiorenzo, l'un des meilleurs capitaines de San Pietro, qui avait cette dame en sa charge, estant adverty de sa fuite, la suit en diligence, et arrivant au port d'Antibes aussitost qu'elle, après lui avoir donné le loisir de remettre un peu ses esprits la ramène à Marseille. Et comme naturellement elle était délicate et que la frayeur du péril où elle s'estait veue lui eust donné de l'émotion, elle tomba dans une fièvre lente, dont les médecins ne la purent jamais tirer. Comme elle se sentit approcher de sa fin, elle escrivit une lettre assez longue à Alphonse, son fils aîné, où d'une affection de mère vrayment catholique, elle l'exhorta de demeurer ferme en la foy de la Sainte Eglise Romaine, et de fermer les oreilles à toutes les curiosités des nouvelles doctrines, sachant bien qu'à la Cour on commençait de courir avec ardeur aux nouveautés de la secte de Calvin : de plus elle lui recommande sur toutes les choses du monde de révérer et d'honorer son Père, quoyque avec ces avertissements de ne l'imiter pas en tenant auprès de sa personne des gens de vile condition, parce que (disait-elle) ils ne font jamais rien qui ne ressente la bassesse de leur extraction ; elle convie de bien aymer son frère et de lui tenir lieu de père, adjurant par cette exhortation pleine de piété et de constance de n'avoir point de regret à sa mort, puisqu'elle se sentait mourir sans espérance de recouvrer sa santé, il y avait déjà plusieurs mois, et qu'elle finissait sa vie dans l'espérance de la grâce de son Sauveur et dans l'usage des Saints Sacrements de l'Eglise ; qu'il ne laisse pas de prier Dieu pour elle ; enfin elle le conjure de la recommander aux prières des gens de bien. La lettre estoit datée de Marseille le deuxième de juin 1563, un peu de temps avant sa mort.

» San Petro cependant revenant de Constantinople descendit à Marseille trois jours après l'enterrement de la dame sa femme : Il fut surpris d'abord de voir en ses amis une froideur fort extraordinaire. Pas un d'eux ne voulut lui dire le premier la perte qu'il venoit de faire ; mais, quand il eut veu son jeune fils et ses domestiques vestus de deuil, il en conjectura la cause, et la sachant, il joignit douloureusement ses larmes à leurs plaintes.

» Bien que la mort de la dame sa femme eût précédé son retour de six jours, toutefois les bastards d'Ornano, corrompant cette vérité dès qu'ils en sceurent la nouvelle, escrivirent en Corse, et publièrent à Gênes qu'il l'avait fait mourir en haine du devoir où elle s'estoit mise de retourner en sa patrie. Ceste calomnie ne put être découverte en ce commencement à cause que les Corses n'osoient plus fréquenter les François, sans hazarder leur vie ou leur liberté, tant les deffenses en étaient rigoureuses. Et même Filippini qui a fait l'Histoire de Corse (mais d'un esprit si aigre que la République de Gênes l'a fait deffendre et supprimer), y a inséré sur la foi de ceux qui l'avoient trompé le récit de cette imposture. »

On ne saurait aller plus loin et travestir plus audacieusement la vérité dans un intérêt de famille. C'était en effet la Comtesse Marguerite de Grignan (1), la petite-fille du maréchal Alphonse d'Ornano, qui s'était chargée de faire imprimer le manuscrit de Canault. Après le lui avoir envoyé en 1654, il le reprit l'année suivante (2), pour y ajouter une lettre du Duc d'Epernon sur les difficultés que celui-ci avait eues à Bordeaux avec le Maréchal ; quoi qu'il en soit, la publication ne se fit pas : mais l'intention des Ornano et de Canault est à noter (3). Fourquevaux à son tour veut garder des ménage-

---

(1) Marguerite de Grignan, mère du comte François de Grignan qui épousa Mademoiselle de Sévigné. Le comte François de Grignan avait ajouté à son nom celui des Ornano. Dans l'acte de mariage de sa fille Pauline avec le marquis de Simiane, en 1695, au château de Grignan, il s'intitule Messire François Adhémar de Monteil, d'Ornano, duc de Thermes, comte de Grignan... etc. Le père de Marguerite était Henri François d'Ornano, seigneur de Mazargues, second fils du maréchal Alphonse d'Ornano.

(2) « Madame, ce que je n'avais pu recouvrer, après tant de soins possibles, m'est enfin advenu quand j'y pensais le moins, à savoir le corps d'une lettre que feu M. le Duc d'Epernon avait écrite à feu Monsieur le Maréchal votre grand-père ; c'est, Madame, ce qui me fait supplier très humblement de me renvoyer le manuscrit que je vous adressai, il y a un an, contenant la vie de M. le Maréchal votre grand-père et celle de M. le Maréchal votre oncle.

» Paris, le 20 mars 1654. »

(3) On trouve à la Bibliothèque Méjanes, à Aix, deux manuscrits de Canault sous les numéros 910 et 910 bis.

Le premier a pour titre : « La vie d'Alphonse d'Ornano, maréchal de France et lieutenant général du Roy en Guyenne, avec un abrégé de celle

ments : il est vrai qu'il ne s'y prête que de mauvaise grâce. Ecartant la mise en scène arrangée par d'Aubigné et de Thou, il reproduit exactement la version commune, mais il est si peu convaincu de sa véracité et des sentiments généreux que Filippini attribue à Vannina — « qui avoit peu de tenuę dans la tête » — qu'il s'empresse d'ajouter « que Sampiero fut incité à tuer sa femme par les raisons ci-dessus alléguées, ou par quelque juste dépit dont il laisse le récit à d'autres qui sont mieux informés que lui, suivant seulement son auteur »

---

du colonel San Petro Corse, son père, et celle aussi de Jean-Baptiste d'Ornano, maréchal de France et lieutenant général pour le Roy en Normandie. » Ce manuscrit qui est assez volumineux (324 pages), petit in-folio, paraît autographe. Il contient de nombreuses corrections interlinéaires ou en surcharges, soit en renvois sur des pages intercalées d'une autre plume que le texte primitif et postérieures de plusieurs années.

Le second manuscrit porte pour titre : La vie d'Alphonse d'Ornano, maréchal de France, lieutenant général pour le Roy en Guyenne, avec un abrégé de celle du colonel San Petro Corse, et celle aussi de Jean-Baptiste d'Ornano, maréchal de France et lieutenant général pour le Roy en Normandie, son fils, composée par le sieur Canault, leur secrétaire, corrigées sur son manuscrit original et rédigées en chapitres pour la plus grande facilité du lecteur, lequel trouvera, suivant les renvois ici remarqués, les lieux tout entiers dans l'Original lesquels n'ont été copiés qu'à cause de leur briéveté. » Cette copie rajeunit le texte et contient d'importantes variantes. Elle provient de la Bibliothèque du Président Boulier.

Dans le second manuscrit, il n'est pas fait mention de la fuite et de la mort de Vannina. Son nom n'y figure même pas. D'après l'auteur, c'est Ombrone seul qui s'était proposé de se sauver à Gênes et d'y emmener Antoine-François, le second des enfants de Sampiero. Voici en quels termes le fait se trouve raconté. « Lors du voyage de Sampiero au Levant, les Génois eurent la prévoyance de gagner par argent le précepteur d'Anton Francesco, le deuxième de ses enfants, qui était prêtre et qui se nommait Ombrone, pour obtenir de lui ce jeune gage. Mais comme il allait se sauver à Gênes avec ces enfants, le capitaine Anton de San Fiorenzo se trouvant à Antibes, et ayant su la perfidie, se saisit de ce précepteur, le ramène à Marseille où ayant fait sa plainte au magistrat, on le mit prisonnier dans la Tour de Saint-Jean. »

— c'est-à-dire Filippini (1). Le seul Brantôme n'a pu retenir sa langue (2). On le connaît. Au courant de toutes les histoires scandaleuses de son temps, indifférent sur l'honneur des femmes et des familles, il rapporte que Vannina a été une épouse infidèle, et que c'est pour cette raison que Sampiero l'a étranglée. Ce témoignage qui n'a jamais été relevé, et que tous les auteurs ont systématiquement mis de côté, est important. Il nous vient d'un homme très voisin de l'événement qui, s'il n'a pas connu personnellement Sampiero, a été, comme on le verra, en relations suivies avec plusieurs de ses amis. Il est temps de le produire, et de le soumettre à l'examen et à la critique de quiconque recherche la vérité dans l'histoire.

La mort de Vannina n'est donc connue que d'après des récits convenus, inexacts et contradictoires. Des documents essentiels ont disparu ; les archives du Parlement d'Aix ne contiennent aucune pièce qui s'y rapporte. Le registre de 1563 contenant l'arrêt qui rendait Vannina à son mari et qui dissiperait bien des obscurités manque à la collection (3). Les riches dépôts du Palazzetto, de la Banque de Saint-Georges, de l'*Archivio Notarile*, à Gênes, n'ont pas encore été explorés sur ce point. Il nous est donc impossible dans ces conditions de présenter un travail complètement achevé. Nous avons pensé néanmoins qu'il restait une œuvre utile à faire, c'était de soumettre le sujet à un examen rigoureux, de le dégager des erreurs et des fables qu'on y a mêlées, de rejeter les faits de pure invention qui se sont accrédités, de rétablir ceux qui ont été omis ou dénaturés, et mettant à profit des documents récemment découverts et ceux que nous avons retrouvés, de raconter, sous la forme la plus exacte

---

(1) Fourquevaux, né vers 1561, mort en 1611, *Vies des grands Capitaines Français*.
(2) BRANTOME, *Vies des dames galantes*. V. 3. p. 12. Londres 1779.
(3) D'après une note de M. Michel, sous-archiviste départemental à Aix.

possible, sans dureté et sans indulgence, ce malheureux épisode de la vie tourmentée de Sampiero.

Nous avons conservé à la femme de Sampiero le nom de Vannina. C'est celui qui a toujours été accepté par les historiens, et qui s'est fixé dans la mémoire de tous. Vannina est le diminutif de Giovannina, comme Vanni, nom commun en Italie, surtout au moyen âge, l'est de Giovanni. Par suite du changement de la lettre V en B, que l'on remarque fréquemment dans le dialecte Corse, comme aussi dans plusieurs autres dialectes Italiens, le nom de Bannina s'était substitué à celui de Vannina. C'est ce nom de Bannina que la femme de Sampiero a toujours porté ; c'est de ce nom qu'elle a signé ses lettres et ses écritures. Nos recherches et nos constatations ne peuvent laisser aucun doute sur ce point. Il importe de s'y arrêter d'autant plus que c'est pour nous l'occasion de mettre au jour des documents et des faits intéressants fort peu connus, qui ne sont pas étrangers à notre sujet.

On a de Vannina une longue lettre tout entière écrite de sa main, le 15 janvier 1563, de la prison d'Antibes, et adressée à la Seigneurie de Gênes. Cette lettre, déposée au *Museo Civico* de Turin, fait partie de la collection des autographes de Cosilla et a été publiée avec un judicieux commentaire dans le *Giornale Ligustico* (fasc. VII et VIII, 1889) par M. Roberti, professeur distingué de l'académie militaire de cette ville. Telle qu'elle a été imprimée, on y lit, il est vrai, à la signature « Vanina d'Ornano, » mais c'est là une erreur qui doit être réparée. Sur notre demande, M. Roberti a eu l'obligeance d'examiner de nouveau la lettre, et de nous assurer qu'elle porte à la signature « Banina d'Ornano » et non « Vanina d'Ornano. »

Quelques mois après, le 1er juillet 1563, et peu de jours avant sa mort, alors qu'elle était gardée à Aix par ordre du Parlement, elle fit passer à Michel Ange Ombrone, qui, après s'être évadé du fort Saint-Jean de Marseille, s'était réfugié à Gênes, une obligation (1) par laquelle elle reconnaît lui devoir la somme de deux cent soixante-cinq écus d'or qu'elle s'engage à lui remettre, après son arrivée à Gênes. Cette pièce, trouvée dans les archives d'Ajaccio par M. Camille Friess, porte également à la signature « Banina d'Ornano »; elle est aussi en entier écrite de sa main. C'est un règlement de compte entre elle et le scélérat qui la conduisit à sa perte, et dont l'examen donne à réfléchir. Vannina reconnaît qu'Ombrone, suivant sa commission, a acheté et payé pour elle, à Paris, chez maître François Ghiard, orfèvre, un diamant, un rubis, des agates rouges et bleues liées en or, d'une valeur de cent cinquante écus d'or. Elle promet en outre de lui payer, à la même époque, les deux chaînes d'or pesant cinquante écus, comme aussi soixante-cinq écus d'or, pour le diamant, le rubis, le saphir et la cotte de mailles qu'il a mis en gages, dans un voyage à Paris, pour les frais d'entretien de son fils Alphonse, qui se trouvait à la cour, en qualité d'enfant d'honneur des jeunes princes. Il y a plus ; dans l'année même de la mort de Sampiero, Ombrone, qui était revenu en Corse, présenta une requête (2) au Gouverneur pour réclamer l'exécution de cette obligation, faire entendre des témoins, et prouver qu'elle avait été réellement souscrite par Vannina. Le Gouverneur fit droit à la demande, et, au mois de novembre 1567, les témoins vinrent déclarer que l'obligation avait été passée par elle, et qu'ils reconnaissaient son écriture (3). C'est sous le nom de Bannina que tous la désignent dans l'enquête. L'un d'eux, Nicolò Staglieno, qui était un familier de sa maison, au temps de la première guerre, lorsqu'elle s'était réfugiée dans la maison de François d'Ornano, son père, ajoute qu'il la voyait pendant les absences de Sampiero rédiger les patentes (?) et qu'elle avait une grande

---

(1) Voir appendice C.
(2) Voir appendice D.
(3) Voir appendice E.

facilité pour écrire, « *e vedevo la detta Banina quale era là che in absenzia di Sampiero facea patenti e era nel scrivere molto pronta.* » C'est ce nom que Sampiero donnait à sa femme, comme l'atteste le mémorial qu'il adresse en 1558 au Roi pour se plaindre de Giordano Orsini. Entre autres torts, il lui reproche d'avoir permis qu'on enlevât à la seigneure Banayne les trois chevaux qu'elle se disposait d'embarquer pour Marseille (1). On trouve également ce nom dans la procuration signée le 1er août 1560 devant maître Aymard, notaire à Marseille, qu'elle délivra à messire Balthasar Cottin, chargé de se rendre à Gênes, pour traiter de la restitution du prix de sa maison que la Seigneurie avait fait vendre (2). L'arbre généalogique d'Alphonse d'Ornano, lors de sa promotion dans l'Ordre du Saint-Esprit, établit qu'il est fils de noble Banina d'Ornano. A toutes ces preuves, si l'on ajoute que, dans son testament du 2 avril 1555, Franceschetta d'Ornano donne à sa fille le nom de Bannina, il nous semble que cette question qui n'avait jamais été traitée, est résolue (3).

---

(1) FILIPPINI, Volume IV, à l'appendice, page 18.

(2) FILIPPINI. Volume IV. *Restituzione de' beni di Sampiero*, à l'appendice, page 79.

(3) Ce testament n'a jamais été produit ni mentionné. Il fait partie de la très intéressante collection de M. Paul d'Ornano qui a bien voulu nous le communiquer.

En voici le passage le plus intéressant :

« .... Et in caso la sudetta Signora Bannina et Signor Alfonso e loro discendenti mancassero, all'ora et in questo caso la sudetta Signora Testatrice di li predetti sui beni, doti, ragioni, attioni come di sopra elege, crea per suo herede, nomina et vuole che sia il sudetto Signor colonello Sampiero al quale in tal caso dei predetti beni e doti si ne fà puro, mero, libero et irrevocabile dono *causa mortis* di modo che nesciuna ingratitudine o vero causa d'offensione la posse rivocare, et questo per benemeriti havuti dal sudetto Signor Colonello ricevuti. Presenti testimoni. M. Michel Angelo Ombrone cancelliere al presente del predetto Magnifico Signor colonello Sampiero... etc. »

CHAPITRE PREMIER

La paix ayant été conclue à Crespy (18 septembre 1544) entre Charles V et François Ier, Sampiero prit congé du Roi, se rendit à Gênes, et obtint du Sénat la permission de venir passer quatre mois en Corse. Parti tout jeune et pauvre soldat d'aventure, il y retournait avec la réputation d'un des hommes de guerre les plus distingués de son temps. Après avoir été dans les Bandes Noires un des bons capitaines de Jean de Médicis, il avait pris service en France, combattu en Piémont, dans le Roussillon, en Provence et partout où l'occasion s'était présentée. Il s'était particulièrement fait remarquer dans la dernière guerre, au siège de Landrecies, en pénétrant, à travers le camp des Impériaux, dans la place avec trois enseignes d'Italiens, et au combat de Vitry, en arrêtant avec ses arquebusiers la cavalerie espagnole qui avait mis Brissac en déroute (1). Il venait en Corse pour épouser

---

(1) « Brissac s'étant d'un ardent courage combattu sur la cavalerie de Francisque d'Est, et ne pouvant soutenir l'impétuosité de la foule de ses ennemis, quand le combat incontinent fut commencé, se prit à réfuyer vers ses gens, et fut si fort pressé qu'il fut forcé de rompre l'ordonnance de ses gens de pied par tumultueuse course, sans retourner la bride de son

Vannina, fille de François, seigneur d'Ornano, dont le père Alphonse d'Ornano, après avoir suivi, pendant quelque temps, la fortune de Jean-Paul de Leca, était rentré en grâce auprès de l'Office, qui lui avait restitué son Etat. En lutte avec les nombreux bâtards de Bernardin, son frère, qui lui réclamaient leur part, François d'Ornano ne pouvait faire une meilleure alliance, pour défendre sa maison et en soutenir l'honneur. Il n'avait que cette fille. Le mariage fut célébré dans les premiers mois de 1545 (1), une lettre de Sampiero récemment découverte, portant sa signature autographe, écrite de Bastelica, le 14 juin de cette année, au Sénat de Gênes, et qui contient de très intéressants détails, fixe désormais cette date qui n'avait jamais été bien précisée (2).

MAGNIFIQUES ET TRÈS EXCELLENTS SEIGNEURS
ET MES MAITRES TRÈS HONORÉS.

Après que j'eus obtenu de Vos Magnificences la permission de venir ici, et après y être resté quelques jours, Elles auront appris par mon Seigneur beau-père la célébration du mariage que j'ai contracté avec sa fille, et à ce sujet il m'a paru que je ne pouvais m'allier à un plus fidèle et meilleur serviteur de Vos Magnificences que lui.

Il arrive, comme elles le savent que Vos Magnificences ne

---

cheval par laquelle advanture tout le bataillon des Français fut dissipé en un moment que si San Pietro Corso ne se fut présenté avec ses arquebusiers et n'eut fait teste, Brissac eut été accablé au gué de la rivière. » — BRANTOME, V, 8, p. 337.

(1) D'après Canault, « François d'Ornano se contenta de la cérémonie, parce que sa fille n'ayant alors que quinze ans il ne voulut permettre que le mariage fut consommé. »

(2) Cette lettre a été communiquée à M. Letteron par M. L. Campi. Voir appendice F.

m'avaient donné qu'une permission de quatre mois avec ces honneurs d'armes et ces autres marques de distinction qu'elles m'avaient accordées par leurs lettres, et que n'ayant obtenu de Sa Majesté Très Chrétienne qu'une permission de quatre autres mois, j'avais résolu de m'en retourner auprès de Sa Majesté. Ayant appris que la guerre se continuait contre l'Angleterre, j'avais arrêté d'emmener en ma compagnie cent cinquante ou deux cents hommes, mais auparavant de me rendre auprès de Vos Magnificences, pour leur faire ma révérence, et obtenir la permission de revenir auprès de Sa Majesté. J'en avais écrit au Magnifique Seigneur Gouverneur à Calvi (1), en priant sa Seigneurie de vouloir bien me permettre de lever ce nombre d'hommes et de venir m'y embarquer avec eux. Le Seigneur Gouverneur m'a répondu qu'il ne pouvait m'accorder cette permission, et qu'il me fallait l'obtenir de Vos Magnificences. Je les supplie donc, comme leur bon serviteur, de vouloir me permettre de conduire d'ici à Gênes, à travers la Rivière ou la Provence, ladite Compagnie, ayant pris mes dispositions pour venir faire ma révérence à V. M., et les remercier des honneurs et des bonnes démonstrations dont elles ont usé envers moi leur très fidèle serviteur. Pour cela, je prie le Très Grand Créateur de l'Univers de me donner la grâce de pouvoir en quelque lieu témoigner l'entière obéissance et la bonne volonté que j'ai eue et que j'aurai toujours pour V. M., comme je me réserve de les leur exprimer plus amplement et de vive voix, en arrivant auprès d'Elles ; les suppliant de daigner me faire la grâce de m'envoyer par écrit ladite permission, et d'ordonner à leur Magnifique Gouverneur et à ses officiers que, dans l'embarquement et la conduite hors de l'Ile de ce nombre d'hommes qui m'accompagneront, je n'éprouve ni contrariétés ni empê-

---

(1) La résidence du Gouverneur avait été transportée en 1545 à Calvi. Elle fut rétablie à Bastia en 1548. — V. FILIPPINI. V. 3. 246, 257, 258.

chement. Et pour qu'il n'apparaisse pas à Sa Majesté que je néglige son service auquel je suis tenu, et puisque Vos Magnificences m'ont permis de porter les armes, pendant quatre mois, et qu'il y a toujours des envieux et des méchants, il vous plaira ordonner audit Magnifique Gouverneur et à ses officiers que, pendant le temps que j'ai à rester ici, il ne me soit pas défendu, ainsi qu'à mes serviteurs de porter les armes, tant comme marque de distinction que pour toute autre considération, parce que je ne suis pas venu en Corse pour faire du mal à qui que ce soit, et en cela et pour toute autre chose je m'en remets à la volonté et à la décision de Vos Magnificences que Dieu rende prospères et heureuses comme nous le désirons, et auxquelles de nouveau je me recommande.

De Bastelica le 14 juin 1545.

de V. SS. l'humble Serviteur,
Sampiero Corso.

Ce mariage, en faisant passer la Seigneurie d'Ornano sous l'autorité d'un homme aussi énergique que Sampiero, enlevait aux bâtards de Bernardin l'espoir d'entrer en possession de la part qu'ils y prétendaient. Ils s'en montrèrent vivement irrités, et Sampiero eût à craindre leur hostilité et leurs attaques. Sa lettre exprime des inquiétudes : on voit qu'il se sent entouré d'ennemis et menacé, et qu'il réclame les sûretés dont il a besoin. D'un autre côté, il ne pouvait guère compter sur les bonnes dispositions de l'Office. Cette union, les avantages qu'elle lui procurait, sa réputation militaire, ses relations avec la Cour de France étaient de nature à éveiller les défiances des Génois. Il ne paraît pas que la permission de lever sa compagnie lui ait été accordée, et il se trouvait en Corse, lorsqu'une querelle d'honneur qu'il avait eue à l'armée avec Jean de Turin, colonel de grande réputation au service du Roi, l'obligea de passer subitement en Italie et en France.

Jean de Turin était, comme Sampiero, d'humeur impétueuse et violente : tous deux déjà, dans leur jeunesse, quand ils servaient dans les Bandes Noires, s'étaient battus et gravement blessés, à Florence, dans une des salles du Palais de Jean de Médicis qui n'avait pu les accorder (1). Cette fois la querelle n'eut pas de suite, le Roi ayant défendu le combat.

De Paris où il avait été mandé, Sampiero se rendit à Rome (2), en compagnie d'Horace Farnèse, dont le père, Pierre-Louis Farnèse, venait d'être assassiné à Plaisance (15 septembre 1547). La ville s'était révoltée. Don Fernand de Gonzague, qui commandait les Espagnols à Milan, était arrivé au secours des conspirateurs, et avait pris possession de Plaisance, au nom de l'Empereur. Le pape qui était le père de Pierre-Louis, et qui aimait passionnément son fils, malgré ses infamies et ses débauches, avait demandé au Roi

---

(1) Voir appendice G.

(2) Trois lettres tirées des archives d'Etat de Lucques et communiquées par M. le docteur Orsolani à M. Letteron indiquent qu'à cette époque, Sampiero s'occupait de recouvrer une créance de deux mille écus sur deux habitants de cette ville. Ces lettres sont inédites.

ILLUSTRISSIMES ET ECCELLENTISSIMES SEIGNEURS,

J'ai autrefois par mes lettres supplié Vos Excellences de me prêter leur faveur et leur autorité, afin de m'aider à recouvrer les deux mille écus qui me sont dûs par Pierre Giulo et Jean de Berto ou ses héritiers, et comme, par suite de mon absence aussi bien que par d'autres motifs, il ne m'a pas été possible de poursuivre ledit recouvrement, et que je persiste dans l'espoir de rentrer dans cette créance, par le moyen de V. E., j'ai décidé de leur écrire encore cette fois, en les suppliant avec toute la force que je puis avoir, de m'aider dans cette affaire, pour que je sois payé ; et si mes débiteurs ne sont pas, en ce moment, en état de s'acquitter, je m'en rapporte à Leurs Seigneuries, pour leur donner le délai, qui leur paraîtra le plus convenable, à la condition cependant qu'ils me donnent toute sorte de caution qui sera nécessaire, car sans compter qu'elles feront une chose honorable, et dont Vos Seigneuries ont l'habitude, Elles me rendront

de s'unir à lui pour tirer vengeance de cet attentat, reprendre Plaisance sur les Impériaux, et recommencer la guerre contre Charles V; mais Henri II n'était pas prêt à entrer en campa-

---

pour toujours leur obligé, surtout si Elles daignent me faire connaître le résultat obtenu que j'attendrai ici à Rome, où je suis venu par ordre du Roi Très Chrétien, en compagnie du Seigneur Duc Horace (Farnèse) et où je resterai jusqu'à nouvel ordre de Sa Majesté. En attendant je me recommande de tout mon cœur à V. S. et je leur offre tous mes services.

De Rome le 12 décembre MDXLVII.

De V. E. le Serviteur,
San Piero Corso.

Voir appendice H.

Réponse de la Seigneurie de Lucques à Sampiero.

Magnifique et Valeureux Ami Très Cher,

Nous avons reçu la lettre de V. S. du 12 du mois passé au sujet de la créance qu'elle dit avoir sur Jean de Berto et Pierre di Giulio, et pour laquelle Elle nous a écrit une autre fois au mois de juin de l'an 1546; mais comme les personnes auxquelles V. S. avait prescrit d'engager cette affaire ne se sont jamais présentées ici, nous ne pouvons lui répéter que ce que nous lui avons dit dans notre réponse, à savoir que si quelqu'un se présente au nom de V. S. à cet effet, nous ne manquerons pour connaître la vérité de lui rendre tous les services qui seront nécessaires, et nous donnerons des ordres convenables, pour qu'il soit entendu avec diligence, et qu'il lui soit en peu de mots rendu prompte et sommaire justice, aussi favorablement que nous le pouvons, désirant en toute circonstance montrer à V. S. l'intention que nous avons de lui faire chose agréable comme Elle l'apprendra plus au long de M. Vincent Spada, notre concitoyen, qui remettra cette lettre à V. S., et sans en dire davantage nous nous mettons à vos ordres, comme il plaira à V. S. que Dieu le conserve heureusement.

De notre Palais, le 8 du mois de janvier MDLXVIII.

Voir appendice I.

Lettres de la seigneurie de Lucques à Vincent Spada, son agent à Rome.

Nobilis Vir, Civis Noster Dilecte,

Le colonel Sampiero Corso, qui se trouve à Rome avec le Seigneur Duc Horace, nous écrivit de Gênes, à la fin de juin 1546, qu'il était créancier

gne. Il s'agissait donc pour le moment de négocier avec le Pape, de le maintenir dans ses bonnes intentions, et de lui faire des promesses et de vagues protestations. Sampiero qui

de Jean de Berto et de Pierre di Giulio de la somme de deux mille écus, et nous priait de lui prêter la main, afin d'être payé, nous informant que par suite de la mort de son frère, ledit Pierre avait hérité de plusieurs biens, et de n'être pas forcé de se retourner contre quelque autre Lucquois, comme il nous en manifestait l'intention, au cas où il ne pourrait pas rentrer dans son argent. Il ajoutait qu'il avait prescrit à quelques-uns de ses amis, bien informés de l'affaire, de nous en entretenir. Nous lui répondîmes à cette époque, que si ses amis venaient auprès de nous, nous les aurions écoutés volontiers, et que nous leur aurions accordé tout l'appui convenable, et assurément nous l'aurions fait si quelqu'un s'était présenté. Mais ceci n'ayant pas eu lieu, nous n'avons plus depuis lors entendu parler de cette affaire jusqu'au jour, où il nous en a écrit de nouveau nous priant vivement qu'à l'aide de notre autorité nous fassions en sorte qu'il fût payé, et qu'il reçût telle caution qui l'assurât de rentrer dans ce qui lui est dû. Mais comme nous savons que Jean de Berto, déjà ruiné, s'en est allé résider en France, et que Pierre di Giulio est mort sans héritiers, et que le peu de biens qu'il a laissé a été attribué par la voie de justice à quelques-uns de ses créanciers, nous voyons qu'il est impossible à ce gentilhomme (Sampiero) de tirer une part quelconque de sa créance. Il ne nous a pas paru convenable de le lui écrire et tout au contraire nous lui avons répondu avec de bonnes paroles que si quelqu'un se présentait ici en son nom, nous lui prêterions la main, pour connaître la vérité, en lui rendant tous les bons services qui seraient de raison, et que nous ordonnerions, sans perte de temps, qu'il lui fût rendu sommaire et prompte justice. Il nous a paru à propos de vous adresser ladite réponse, afin que vous la lui présentiez, en l'accompagnant de quelques paroles obligeantes qui témoignent de l'intention que nous avons de lui faire plaisir, en lui disant que, s'il nous envoie quelqu'un pour faire connaître l'état de sa créance, il nous sera agréable, en toute occasion, de lui donner notre appui dans le plus court délai possible, et en employant les expressions que vous jugerez à propos dans cette affaire, et pleins d'espoir que suivant votre habitude vous le ferez avec cette affabilité et cette diligence que vous mettez dans les affaires qui vous sont confiées par nous, nous ne vous dirons rien autre que nous vous offrons nos services. Portez-vous bien.

De notre Palais, le 12 janvier MDXLVIII.

Voir appendice J.

sollicitait en même temps le commandement de l'armée de l'Eglise resté vacant par la mort de Farnèse, fut chargé de la négociation. Il exécuta les ordres du Roi ; mais n'ayant cependant pas obtenu la charge qu'il demandait, il retourna en Corse.

L'Office l'attendait, décidé à le faire mourir. Informé que, pendant son voyage, il avait eu de fréquents entretiens avec César Frégose que le Roi avait envoyé en ambassade à Constantinople, pour solliciter l'alliance de Soliman, il l'accusa de s'être concerté avec lui, pour se saisir de la forteresse de Bonifacio, pendant que la flotte turque viendrait en aide à l'entreprise. Sous un faux prétexte, Spinola parvint à attirer Sampiero à Bastia, et l'y retint prisonnier ; mais François d'Ornano qui l'avait accompagné, passant aussitôt à Gênes, écrivit au Roi Henri qui intervint si vivement auprès de l'Office que Sampiero ne tarda pas à être mis en liberté. Son ressentiment fut extrême. Déjà de part et d'autre le masque était levé. Le sinistre dessein de l'Office indiquait les craintes que lui inspirait en Corse la présence de Sampiero. Celui-ci de son côté s'était promptement rendu compte du mécontentement des peuples, de la facilité qu'il aurait à les entraîner et de l'autorité qu'il prendrait sur eux. Voyant pourtant que l'heure de la lutte n'était pas venue, et délivré du péril qui l'avait menacé, il s'embarqua pour la France, emportant dans son cœur l'ardent désir de revenir dans l'Ile, dès que l'occasion se présenterait favorable, pour consacrer à sa délivrance une vie qu'il n'avait jusqu'alors employée qu'au service des princes étrangers.

La guerre avait recommencé. Octave Farnèse, menacé par les troupes de Don Fernand de Gonzague qui se préparait à envahir Parme, s'étant placé sous la protection du Roi, les Français étaient rentrés en Italie. Sampiero prit part à cette guerre, alla rejoindre ensuite M. de Brissac en Piémont, se distingua au siège de Casale, et se trouva à toutes les affaires, jusqu'au jour où il fut appelé par M. de Thermes à Sienne pour assister avec les autres capitaines du Roi aux délibérations relatives à l'expédition de Corse. Il conseilla l'entreprise, s'embarqua avec les troupes françaises, et arriva, avec les premières galères, à Bastia, le 23 août 1553.

Il n'entre pas dans ce sujet de faire le récit de cette expédition. Les Corses et les Français d'un côté, les Génois, les Espagnols, les Allemands de l'autre, se livrèrent, pendant six années, des combats acharnés. Ce fut une guerre d'extermination marquée par des incendies, des dévastations, des cruautés et des représailles inouïes. Sampiero en supporta les fatigues et les dangers avec sa vigueur ordinaire ; appelé toujours où le péril était le plus grand, le premier à l'attaque, le dernier à la retraite, relevant partout par sa seule présence la fortune des armes ; desservi cependant par de Thermes, plus tard par Orsini, et mal récompensé de tant d'efforts et de services signalés. Mécontent à la fin de la direction donnée aux affaires, et voyant ses desseins traversés, il quitta la Corse et se rendit en France. C'était le moment où Henri II, se mettant en mesure de réparer le désastre de Saint-Quentin, avait rappelé ses troupes d'Italie, et réuni une importante armée sous le commandement du Duc de Guise. Sampiero alla le rejoindre avec sa compagnie et assista au siège et à la prise de Calais. La suspension des hostilités et les négociations de Cerceaux qui paraissaient devoir assurer la paix pour longtemps, lui ayant permis de quitter l'armée, il revint en Corse, mais il n'y fit qu'un court séjour. Pendant le temps qu'il y resta, ses dissentiments avec Orsini, malgré les ordres du Roi, qui lui avait recommandé la réconciliation et l'accord, s'étaient aggravés. Prévoyant d'ailleurs que la paix faite, l'Ile retomberait au pouvoir des Génois, et que sa famille n'y retrouverait aucune sécurité, il repassa en France, et y appela bientôt sa femme qui vint le rejoindre à Marseille, vers la fin de 1558.

Vannina avait alors près de trente ans. La vie, après son mariage, n'avait pas été heureuse pour elle. Elle s'était passée dans de continuelles inquiétudes, dans les chagrins, les tristesses, le plus souvent dans la solitude, et dans ces dernières années surtout, au milieu des alarmes et des horreurs de la guerre. Sampiero avait été grièvement blessé ; sa tête mise à prix ; les biens qu'elle possédait à Gênes confisqués et vendus. Son père, François d'Ornano, pendant si longtemps attaché aux Génois, forcé de prendre les armes contre eux et poursuivi comme rebelle, était mort. Bientôt aussi elle avait perdu sa mère. Sans frères, ni sœurs, ni parents, elle était restée seule, sous l'autorité d'un mari qu'elle n'avait pas choisi, d'âge avancé, d'esprit inculte et de caractère impérieux, qui n'avait pu captiver ni son imagination, ni son cœur, et qu'elle considérait comme la cause de son infortune. Elle était lasse de souffrir, mécontente de son sort, sans grande expérience, et remplie du regret d'avoir perdu sa fortune, son rang et l'existence heureuse et tranquille qui auraient été son partage, dans sa Seigneurie d'Ornano, si son mari ne s'était pas révolté contre les Génois. C'est dans ces dispositions qu'elle venait, en pays étranger, rejoindre Sampiero de plus en plus aigri par ses déceptions et tourmenté par la seule pensée de retourner en Corse pour y recommencer la guerre. Les séductions et les surprises de toutes sortes étaient donc faciles auprès de cette jeune femme, et il lui fallait un ferme esprit et une extrême prudence pour ne pas y succomber.

CHAPITRE SECOND

Cette période de la vie de Sampiero fut pénible et douloureuse. Au violent regret qu'il éprouvait de voir la Corse de nouveau livrée aux Génois s'ajoutaient les persécutions dont il était l'objet, le peu d'égards qu'on avait pour ses services et la perte de tous ses biens et de ceux de sa femme. On ne peut lire, sans tristesse, le mémoire (1) et les lettres qu'il adressa, à cette époque, au Roi, pour se plaindre des torts qui lui étaient faits. La compagnie qu'il avait conduite au siège de Calais, comme aussi les soldats qu'il tenait auprès de lui, n'étaient pas payés : Orsini lui retenait les gages des deux cents hommes qui avaient servi sous ses ordres en Corse ; il lui avait enlevé les bénéfices accordés par M. de Thermes, en récompense de ses biens confisqués par les Génois, et saisi même trois cent soixante écus provenant de la vente de ses bœufs et d'une quantité de blé, ainsi que les tailles de soixante-dix ou quatre-vingts de ses vassaux. Le traité de Cateau-Cambrésis portait, il est vrai, que les Génois ne pourraient directement ou indirectement user de ressenti-

---

(1) Memoria inviata da Sampiero al Re di Francia. — FILIPPINI, appendice, T. IV, p. 12.

ment envers les Corses au sujet des services qu'ils avaient rendus au Roi, dans la dernière guerre, ni les inquiéter, même par voie de justice, dans leurs biens ; mais en ce qui concernait Sampiero cette clause du traité n'était pas observée. Un de ses amis qu'il avait envoyé dans l'Ile, pour prendre soin de ses intérêts, s'était vu obligé, par ordre du Gouverneur, de se rembarquer, dès son arrivée à Bastia. Il n'était plus permis à ses vassaux de lui payer leurs tailles. Protégés par l'Office, Roland d'Ornano et Rafé de Bozi lui réclamaient par justice non seulement les Seigneuries qui avaient été transférées à François d'Ornano, son beau-père, mais encore les revenus des pièves de Tallano et de Cauro qui lui avaient été personnellement assignés pour l'entretien de sa compagnie et des compagnies françaises de la garnison d'Ajaccio, au commencement de la guerre. Il jouissait, depuis vingt ans, dans la piève de Nonza, de certains bénéfices, au nom du cardinal d'Armagnac ; le Gouverneur s'en était emparé de force, et il exigeait en plus les fruits perçus (1).

Plus de deux années se passèrent, sans que Sampiero pût rentrer dans la possession d'aucun de ses biens. Après toutes sortes de difficultés, il obtint la restitution de deux mille quatre cent soixante-quinze écus d'or qu'il avait à Gênes et du montant de la vente d'une maison que Vannina y possédait. L'Office avait confisqué l'argent de Sampiero, vendu la maison de sa femme et s'en était approprié le prix. M. de Boistaillé, que le Roi avait envoyé à Gênes pour surveiller l'exécution du traité en ce qui concernait la Corse, fut chargé particulièrement d'insister sur cette restitution, mais, sous divers prétextes, elle lui fut refusée. Ce ne fut que quelque temps après, lorsque le mandataire de Sampiero et de Vannina, Messire Balthasar Cottin, Conseiller Royal et Lieu-

---

(1) Lettre de Sampiero à la Reine Mère. — FILIPPINI. Tome IV, appendice, p. 37.

tenant du Sénéchal de Marseille se présenta muni de nouvelles lettres du Roi et de la Reine Mère, que la Seigneurie et l'Office se décidèrent à prononcer cette restitution (1), qui comprenait, à la fin, les biens personnels de Sampiero et le fief d'Ornano. Quoi qu'on ait dit, le fait ne peut être contesté, il résulte d'un document authentique, — du procès fait à Sampiero en 1563, et de la sentence qui en prononce de nouveau la confiscation (2). On le savait même à Madrid. — Le 10 août 1564, M. de Saint-Sulpice, ambassadeur du Roy en Espagne, s'entretenant avec Sayas, qui remplaçait Perez, secrétaire de Philippe II, de la nouvelle arrivée de Sampiero en Corse, ayant déclaré qu'à Paris on désapprouvait cette entreprise, l'agent espagnol répondit « que son maître en aurait contentement, et qu'on l'avait fort assuré qu'on avait rendu à Sampiero ses biens, et que sa femme et ses enfants y étaient dedans (3). » En reprit-il jamais réellement la possession, et n'est-il pas probable que son absence de Corse, et les prétentions des bâtards d'Ornano y mirent obstacle ? Du reste, ils lui furent bientôt enlevés : l'Office, sur l'avis qu'il entretenait des pratiques dans l'Ile, et qu'il était parti pour le Levant, n'ayant pas tardé, comme nous l'avons dit, à les confisquer une seconde fois.

Ne pouvant compter sur ses revenus de Corse, et n'ayant pas de ressources pour entretenir sa famille, Sampiero

---

(1) Restituzione de' beni di Sampiero. FILIPPINI. T. IV, appendice, p. 77.
(2) Ristretto del processo fatto in Genova contro Sampiero, id. page 84.
(3) « 10 août 1564... De laquelle responce le dict Sayas fit démonstration que le Roi son maître en aurait contentement, me demandant quel homme il estait le dict Sampietro Corso, et qu'on l'avait fort assuré qu'on luy avait rendu ses biens et que sa femme et ses enfants y estoient dedans. A quoy je répondis que sa femme estoit déjà morte, et non sans soupçon qu'il l'eust tuée par aulcun mauvais rapport qu'on luy avait faict d'elle, et que de luy il estait bien un homme de guerre et d'entreprise... » — (Dépêche du marquis de Saint-Sulpice, communiquée par M. Livi, tirée de la Bibliothèque nationale de Paris).

s'adressa souvent à la Reine Mère et au Roi, et se rendit à Paris pour leur exposer sa détresse. Il obtint, dans un de ses voyages, une provision de trois mille écus sur les revenus de la foire de Villeneuve ès-Avignon ; mais quand il arriva à Montpellier pour les percevoir, il lui fut répondu que les fonds avaient été employés à d'autres services. Il s'en plaignit vivement, et fit connaître à la Cour que cette provision constituait sa seule ressource, et qu'ayant quitté son pays et perdu tout ce qu'il possédait pour le service de la France, il se verrait forcé de s'adresser ailleurs, si on lui refusait les subsides nécessaires à ses besoins, à ceux de sa femme et de ses enfants (1). Ombrone, le gouverneur de ses fils, fut chargé d'aller à Paris renouveler ses demandes. Il ne put rien obtenir. Mais Sampiero s'en étant allé lui-même à la Cour, Catherine lui fit remettre deux cents écus. « Je vous prie, écrivit-elle, de Saint-Germain, au connétable de Montmorency qui se trouvait à Paris, de vouloir envoyer le capitaine Corse, et avecque les plus belles paroles lui donner congé, et le renvoyer et lui faire bailler deux cents écus par le Trésorier de l'Epargne (2). » Le subside était de peu d'importance, accordé de mauvaise grâce et comme à la dérobée, soit que l'état de gêne où se trouvait la Reine ne lui permît pas de se montrer plus généreuse, soit qu'elle ne voulût pas éveiller les soupçons de l'ambassadeur d'Espagne à Paris que le voyage et les menées de Sampiero avaient mis en défiance. C'est dans cette pénible situation qu'il passa trois années à Marseille, de plus en plus exaspéré par tant d'ingratitude et d'affronts, mais non abattu ni découragé, les yeux tournés vers la Corse, et soutenu du seul espoir d'y retourner et de là délivrer des Génois.

---

(1) Lettre de Sampiero à la Reine Mère. — Filippini, T. IV, App. page 24.
(2) Lettres de Catherine de Médicis, par M. le Comte de la Ferrière. Tome Ier, page 202.

CHAPITRE TROISIÈME

Le moment de mettre à exécution son projet lui parut enfin arrivé. Vers le commencement de 1562, il fit un dernier voyage à Paris, eut de fréquents entretiens avec Catherine qu'il savait irritée contre les Génois, et lui demanda instamment des secours pour tenter son expédition. Ce fut en vain. La Reine Mère ne pouvait s'engager dans une pareille entreprise, sans rompre avec l'Espagne et troubler la paix générale. Déjà les manèges de Sampiero avaient attiré l'attention de Philippe II qui était fermement décidé à défendre les Génois contre toute attaque. En ce qui concernait la Corse, la France était particulièrement l'objet de ses ombrages, et il était prêt à lui déclarer la guerre, si elle envoyait contre eux le moindre secours. Catherine connaissait ces intentions. Quels que fussent ses motifs de mécontentement contre les Génois et l'intérêt qu'elle avait de les voir chasser de Corse, elle était trop avisée pour s'exposer à son ressentiment. Les lettres que le Cardinal de Granvelle écrivit au baron de Bronwiller, son agent à Paris, et les réponses que le Roi et la Reine Mère adressèrent à M. de Saint Sulpice à Madrid (1),

---

(1) Voir les appendices K, L, M, N, O. Papiers d'Etat du Cardinal Granvelle d'après le manuscrit de la bibliothèque de Besançon, publiés sous la direction de M. C. Weiss. Tome VIII.

lorsque deux années plus tard Sampiero débarqua en Corse, indiquent clairement quelles étaient en ce moment les dispositions des deux Cours à son égard. Filippini rapporte que, ne pouvant se découvrir, Catherine envoya Sampiero au Roi de Navarre, que ce prince réfléchissant au peu de forces dont il disposait refusa de se prêter à l'entreprise de Corse, et qu'enfin il fut résolu que, muni des lettres royales de recommandation, il irait à Alger, de là à Constantinople demander à Soliman, pour le printemps suivant, l'assistance de sa flotte. Filippini se trompe. Tels ne furent pas le motif et le but du voyage de Sampiero dans le Levant. La Reine Mère l'y envoya pour demander à Soliman une somme d'argent dont elle avait le plus pressant besoin. La correspondance de M. Pétremol, le chargé des affaires de France à Constantinople, ne laisse, comme on verra, aucun doute sur la nature de la mission de Sampiero. Canault d'ailleurs qui, par ses fonctions auprès des maréchaux d'Ornano et par les documents dont il a pu se servir, s'est trouvé en état d'être renseigné sur ce point, donne à propos de ce voyage du Levant des explications qui se rapprochent, cette fois, de la vérité. « San Petre, dit-il, contre son attente, trouva la Reine plus retenue qu'il n'eût voulu. Elle usa de plusieurs remises, afin de le divertir de son dessein, et de lui faire perdre toutes les pensées qu'il avait de la jeter dans la guerre, étant de sa prudence, après la mort du Roy, son mari, d'éviter toutes les occasions, qui pourraient l'engager dans la guerre contre les Etrangers pour conserver le calme dans les Etats du Roy, son fils. Pour le divertir de son dessein, sous des paroles d'honneur, elle lui donna la commission d'Ambassadeur pour le Roy de Constantinople, afin de renouveler par son moyen l'alliance de la France avec la Porte Ottomane, c'est là le véritable sujet de la mission de San Petre à Constantinople qu'il n'entreprit jamais de son caprice, comme dit d'Aubigné. Il est vrai néanmoins qu'il en eut une extrême joie, parce que la réputation de sa valeur qui avait passé jusqu'à Constantinople l'avait fait rechercher par Soliman, sultan des Turcs. Il crut qu'en s'acquittant bien de sa commission auprès de lui, il pourrait obtenir de lui pour descendre en Corse et se venger des Génois ses mortels ennemis. » C'était en effet pour le détourner de son dessein et l'éloigner de France, où sa présence était pour elle une cause de difficultés, que Catherine envoya Sampiero à Constantinople, et le chargea de la difficile mission de demander de l'argent aux Turcs. Peut-être que celui-ci ne pénétra pas l'intérêt et les raisons qui faisaient agir la Reine, et tout rempli de l'idée qui le tourmentait depuis si longtemps, il se prépara à se mettre en voyage, espérant qu'il y trouverait l'occasion de gagner l'amitié du Sultan et d'en tirer l'assistance qu'il ne pouvait pas trouver en France.

Sampiero s'embarqua, le 24 juin 1562, à Marseille pour Alger, emmenant avec lui Antoine et Pâris de Saint-Florent. Pierre de Calvese, qui avait été le lieutenant de sa compagnie, Telone de Bastelica, son neveu et plusieurs autres capitaines corses. Il avait eu soin d'envoyer à Paris Alphonse, l'aîné de ses enfants, pour y recevoir l'éducation des Seigneurs de son rang et de son âge, laissant le plus jeune, Antoine-François, auprès de sa mère et de Michel-Ange Ombrone, son précepteur. Cet Ombrone était un prêtre italien, attaché depuis longtemps à sa maison, rompu aux affaires, de caractère intrépide et résolu. Sampiero avait placé en lui toute sa confiance, et le tenait comme son plus fidèle serviteur. Au moment d'entreprendre un si lointain voyage et de quitter sa femme et ses enfants, il ne put se défendre d'une vive inquiétude. Sachant combien, à Marseille, les relations des Génois étaient étendues, combien ils y étaient influents, il craignit pour sa famille leur voisinage et leurs intrigues, et comme s'il eût le pressentiment du danger qui la menaçait, il conjura Vannina dans une dernière recommandation, dit Canault,

« qu'elle se deffiât de leurs embuches, qu'elle eût soin du plus jeune de leurs fils et que si Dieu ne lui permettait pas de revenir de ce voyage, elle se retirât à la Cour, afin que sa présence et ses exhortations servissent de tempérament à la jeunesse de leurs enfants. »

Sampiero était arrivé depuis quelques jours à Alger, lorsqu'il apprit par les marins d'un vaisseau Provençal qui venait d'aborder que Vannina s'apprêtait à partir de Marseille, et à s'enfuir à Gênes. Sa décision fut aussitôt prise. Afin de s'assurer de la vérité, il fit repartir Antoine de Saint-Florent et le munit de ses pleins pouvoirs. Il ne pouvait confier à un ami plus sûr et plus énergique le soin de son honneur et de ses intérêts. Vannina se trouvait encore à Marseille. Antoine de Saint-Florent fit pour l'éclairer et la détourner de son projet tous les efforts que lui inspirait son attachement passionné pour Sampiero et sa famille. Ce fut en vain, et comme il la vit obstinée dans sa résolution, il n'eut plus qu'à prendre ses dispositions pour l'empêcher de l'exécuter. Sampiero comptait en Provence de nombreux et puissants amis, entre autres les comtes de Carses (1) et de Fiesque (2), le premier lieutenant-général de la flotte du Grand Prieur, le second officier des galères. Il s'était lié avec l'un et l'autre au temps de la première guerre, lorsque le Grand Prieur arrivait en Corse pour y porter des secours et combattre les vaisseaux génois : c'était avec lui qu'il s'était embarqué pour la France, au premier avis de la conclusion de la paix. Antoine de Saint-

---

(1) « Il y avait (avec le Grand Prieur) M. de Carses son lieutenant général qui estait un très sage, brave et vaillant, riche et magnifique Seigneur et beau joueur, comme son général, et qui avait fait belle promesse de sa valeur en Piémont commandant à deux enseignes de gens de pied et estait Grand Seigneur de moyens et de dépenses. » (BRANTÔME)

(2) « Il y avait le Comte de Fiesque, seigneur d'honneur et de vertu, de valeur et de grande fidélité qu'il a toujours inviolablement gardée. » (ibid.).

Florent s'adressa à ces deux Seigneurs, réclama leur protection et leur appui, et se tint prêt à agir.

Vannina cependant, avec l'assistance d'Ombrone et d'Augustin Bazzicalupo, un Génois que le négoce attirait souvent à Marseille, se disposait à partir. Une frégate armée était prête à la recevoir. Un autre Génois, Barthélemy Salvago, commandant des galères, avait obtenu pour elle de la Seigneurie un sauf-conduit, et le gouverneur de Marseille, M. de Meuillon (1), qui ignorait ce qui se tramait, avait accordé l'autorisation de départ. Croyant tromper toute surveillance, après avoir fait partir devant elle ses effets les plus précieux, elle s'embarqua, une nuit, secrètement avec son jeune fils, Ombrone, quelques-uns de ses domestiques, et mit à la voile.

Dès le lendemain matin, Antoine de Saint-Florent, monté sur un brigantin armé et suivi de douze Corses déterminés, s'était mis à la poursuite des fugitifs. Il les atteignit à la hauteur du Cap d'Antibes. Vannina tenta de se diriger vers la terre pour se sauver. Il ne lui en laissa pas le temps, et l'arrêta au nom des Comtes de Carses et de Fiesque, en lui déclarant qu'il venait de leur part, pour l'empêcher d'aller se mettre aux mains des ennemis de son mari. Dans le premier emportement de son indignation, il tira l'épée pour la tuer, mais défendue par ses serviteurs qui restèrent percés de coups, elle put échapper à la mort. Conduite à Antibes, Vannina fut remise au Comte de Grimaldi, gouverneur de la la ville. M. de Sommerive, qui commandait pour le Roi en Provence, arriva quelques jours après, se rendit compte de l'affaire, approuva l'arrestation, et ordonna qu'elle serait gardée prisonnière avec défense de la laisser communiquer avec toute personne qui se rendrait à Gênes ou en reviendrait.

---

(1) « ... Le capitaine Pierrebon, dit M. de Meuillon, très bon capitaine par sa suffisance, fut gouverneur de Marseille. » (BRANTÔME).

Quant à Ombrone, il fut enfermé au fort Saint-Jean, à Marseille (1).

---

(1) Ombrone gagna le gardien du fort Saint-Jean, nommé Marcendino, se sauva de prison avant le retour de Sampiero du Levant, et s'enfuit à Gênes. De là il écrivit à Marcendino, et l'engagea à venir le rejoindre, lui offrant de le récompenser du service qu'il lui avait rendu. Il vint en effet. Ombrone lui ayant demandé s'il se sentait assez résolu pour l'accompagner en Corse et y empoisonner Sampiero, il accepta la proposition et reçut la promesse de mille écus. Ils partirent tous deux. Ombrone resta à Bastia, Marcendino se rendit à la Penta auprès de Sampiero. Il en reçut comme Français un bon accueil. Mais Antoine de Saint-Florent l'ayant reconnu le tua aussitôt. On trouva du poison caché dans ses chausses.

Ombrone eut la même fin. Il se tint prudemment enfermé à Bastia, tant que vécut Sampiero. Mais au commencement de 1569 ayant appris que l'évêque de Sagone était chargé par Georges Doria de traiter des conditions de la soumission d'Alphonse, il voulut l'accompagner. Il se mit en voyage malgré les avis qui lui furent donnés de ne pas s'exposer au ressentiment des amis de Sampiero. L'un d'eux, Cacciaguerra de Niolo, informé de son passage, se mit à sa poursuite et le tua. On trouva dans la poche d'Ombrone différents poisons et l'on prétendit que c'était pour empoisonner Alphonse qu'il s'était mis en voyage. (V. FILIPPINI, Tome V, pp. 102, 104, 312, 313).

CHAPITRE QUATRIÈME

Sampiero ne s'arrêta pas longtemps à Alger. Vers la fin de novembre, il arriva à Constantinople, et fit connaître à M. de Petremol, qui remplissait les fonctions de résident, en l'absence de l'Ambassadeur, l'objet de sa mission. Déjà son voyage avait éveillé les soupçons des agents de la Seigneurie et du Roi d'Espagne dans le Levant. Sachant qu'il était porteur d'une dépêche du Roi de France, les Génois crurent qu'il venait auprès du Sultan pour lui demander d'envoyer sa flotte au secours des Corses : les Espagnols pensèrent qu'il était chargé de réclamer son assistance en faveur du Roi de Navarre (1). Les uns et les autres furent bientôt rassurés. La France ne possédait plus son ancienne influence dans le Levant. Par les ménagements qu'elle était forcée de prendre vis-à-vis de Philippe II, le grand chef du catholicisme, son gendre, Catherine n'inspirait guère confiance au Sultan qui de toute manière n'était disposé ni à lui prêter de l'argent ni à fournir des vaisseaux. M. de Petremol le savait, et Sampiero ne tarda pas à s'en apercevoir. La correspondance échangée entre le résident et M. de Boistaillé, alors ambassadeur du Roi à Venise, montre la mauvaise volonté des agents français à son égard, et combien ils désapprouvaient

---

(1) Négociation de la France dans le Levant par Charrière. Tome II. p. 711. — Voir appendices P. Q.

ce voyage. M. de Boistaillé le trouve d'autant plus étrange qu'on avait fait courir le bruit que Sampiero s'était fait Turc, « Mais vous savez, dit-il, comment notre Cour se gouverne aux affaires d'Estat où les volontés ambitieuses de ceux qui sçavent le moins font par importunité prendre souvent à nos princes des résolutions indignes de leur grandeur, et du tout éloignées de leur service, ne pouvant penser sous quelle couleur on peut faire cette demande d'argent au Grand Seigneur pour le y rendre persuasible (1). » L'allusion était aussi directe que malveillante. Il faut dire aussi que Sampiero, dont le caractère violent et emporté se prêtait peu aux habitudes et aux habiletés de la diplomatie, avait compromis la négociation par des manifestations officielles et son attitude vis-à-vis de l'agent français. Il s'était donné le titre d'Ambassadeur du Roy, avait paru à Constantinople en grand apparat, avec une suite de douze Capitaines corses (2) et, se croyant d'un rang supérieur à celui de M. de Petremol, voulut traiter sans son entremise avec le Sultan et ses ministres.

Déjà, vers la fin de l'année, Sampiero pouvait considérer sa mission comme terminée. L'emprunt qu'il demandait était refusé, à moins que la France n'en assurât le remboursement par des gages que, dans la situation présente, elle ne pouvait fournir. La réponse même de Soliman était prête. Mais Sampiero ne crut pas à propos de hâter son départ, soit qu'il conservât l'espoir de faire revenir le premier ministre sur sa décision ou d'en obtenir quelque secours pour l'expédition de Corse, soit que l'état de sa santé ne lui permît pas de se mettre en route. Peu de temps après son arrivée à Constantinople, en effet, il avait été gravement malade : une de ses blessures s'était rouverte et l'obligeait à garder le lit (3). Ce ne fut donc qu'au commencement du mois de juin

---

(1) Voir appendice R.
(2) Voir appendice S.
(3) Voir appendice T.

qu'étant à peu près rétabli, et ne pouvant entreprendre un voyage par terre, parce que ses amis l'avaient averti que les Génois avaient envoyé par tous endroits des gens pour le tuer, il prit congé du Sultan, et s'embarqua sur une des galères d'Aly Portuc pour se rendre à Alger ou à Tripoli, et de là à Marseille. M. de Petremol annonça son départ à M. de Boistaillé. « Le sieur Colonel San Pietro Corso, depuis huit jours, a baisé la main du Grand Seigneur et a eu de bonnes et douces paroles... mais de prêter argent on n'en parle point ; » et, faisant allusion à la gravité de sa maladie ou aux périls qu'il courrait dans le voyage, « j'ai grand peur, lui dit-il, qu'il ne demeure en chemin plus qu'il ne voudrait (1). » Sampiero rapportait au Roi la réponse de Soliman. La lettre écrite en italien, vide de réalités et remplie de grands mots et de protestations, est un modèle du style diplomatique en usage à Constantinople.

« Al presente alla nostra Imperiale Felice Porta è venuto l'eccelente Signor Cristiano Vostro Capitano Colonello Sampetro Corso e ne ha portato la favorita et amorevole lettera vostra e per quella havemo inteso l'affetion che portavan li antichi vostri e voi verso di noi, e ne ha fatto saper il sopra detto vostro homo come volevi in prestito una parte del nostro tesoro. Però secondo la nostra Imperial Grandezza et humanità tutte le gratie e richieste fatte da voi appresso di noi sono accettate. Tamen sapete bene li tesori signorili sono fatti per l'esercito invincibile, e del nostro tesoro non s'è trovato mai nè li nostri Imperiali Statuti e usanze prestar danari a nessuna persona. Et questa cosa appresso de la M. V. è manifesta e chiaro che uno tesoro si salva per l'Impero e per il bisogno ch'anno li Signori, e se si ferà per amicizia non è lecito et ragionevole farlo senza pegno. Però ho fatto così la risposta e mi farete scrivere quello che sarà di propo-

---

(1) Voir appendice U.

sito di questa cosa, e non restate di farmi intendere le nove di quelle parti. »

Au cours de son voyage (1), avant d'arriver à Marseille Sampiero s'arrêta en Corse où il laissa quelques-uns de ses compagnons. Il y prit en même temps trois de ses amis, et pressé de débarquer il continua sa route (2). C'est dans ces jours qu'il dut connaître tous les détails de la fuite et de l'arrestation de sa femme. Il n'était plus le maître de sa fureur. Calvese, son lieutenant, ayant eu l'imprudence de lui avouer que déjà, avant son départ de Marseille, il connaissait le projet formé par Vannina, et qu'il ne l'avait pas révélé, parce qu'il craignait le sort de Florio de Corte qu'elle avait fait tuer par un de ses esclaves Turcs, Sampiero le poignarda aussitôt sur la galère. Pour ne pas faire connaître à Alphonse d'Ornano les circonstances et les vrais motifs de ces deux meurtres commis l'un par son père, l'autre par sa mère, et pour ne pas réveiller de pénibles souvenirs, Filippini, suivant son procédé ordinaire, passe rapidement ou se tait. Mais quelque incomplet que soit son récit, il en résulte la preuve que les amis de Sampiero étaient informés des intrigues et du projet tramés par Vannina, et que craignant les révélations de l'un d'eux, Florio de Corte, elle n'avait pas hésité à le faire tuer. Quelles étaient donc ces révélations si redoutables qu'elle ne reculait pas devant un crime pour les empêcher de se produire ? Quels sont en réalité les motifs qui l'ont déterminée à s'enfuir à Gênes ? Quels sont ceux qui ont porté Sampiero à lui donner la mort.

(1) Pour ne rien omettre de ce qui a trait à ce voyage du Levant il faut placer pendant le séjour de Constantinople la querelle que Sampiero eut avec Telone de Bastelica, son neveu, qu'il tua sur la place de l'Athmeïdan. Filippini n'en parle pas. Plusieurs auteurs la mentionnent sans précision ni explications. Les notes de M. Charrière à ce sujet donnent le lieu et la date de l'événement.

(2) Voir appendice V.

CHAPITRE CINQUIÈME

Filippini rapporte que les Génois, informés que Sampiero s'apprêtait à s'en aller dans le Levant chercher des secours pour recommencer la guerre en Corse, imaginèrent que le plus sûr moyen de l'arrêter dans son entreprise était d'attirer Vannina auprès d'eux ; qu'ils employèrent à la persuader le précepteur de ses enfants, Michel Ombrone, et un marchand génois, Augustin Bazzicalupo, et que ceux-ci finirent par la décider en lui faisant croire qu'elle trouverait à Gênes la paix et le repos, qu'elle rentrerait en possession de ses deux maisons, que la Seigneurie lui rendrait son fief d'Ornano, remettrait plus tard ses fils dans leur ancien état, et qu'elle lui accorderait facilement le pardon de Sampiero. Ce récit incomplet, inexact, invraisemblable, arrangé à la convenance de l'auteur, accepté pourtant par tous les historiens, et qui n'a jamais soulevé ni contradiction ni critique, ne résiste pas à l'examen. Comment admettre en effet que ce fut pour rentrer dans la possession de ses maisons de Gênes et de ses biens de Corse, assurer la fortune de ses enfants et obtenir le pardon de son mari, que Vannina se rendit à Gênes, alors que la Seigneurie n'avait plus aucune restitution à lui faire, et que, depuis plus de deux ans, les maisons, le fief aussi bien que les sommes d'argent appartenant à Sampiero lui avaient été rendus, ainsi qu'on l'a vu, à la suite de l'intervention du Roi et de la Reine Mère ? Est-ce sérieusement que Filippini veut faire accroire qu'elle espérait pour son mari un pardon qu'il n'aurait jamais obtenu ni accepté ? Comment oublier qu'Antoine de Saint-Florent, envoyé d'Alger, était venu à temps lui apporter, à Marseille, avec ses sages conseils et ses exhortations, les ordres formels de Sampiero, et qu'elle s'était obstinée dans sa résolution ? Et si l'on ajoute qu'avant de se livrer aux ennemis de son mari, et d'abandonner le foyer domestique, elle l'avait dépouillé secrètement de ses effets les plus précieux, comment admettre les excuses que Filippini a essayé d'apporter en sa faveur ? Sa version doit donc être rejetée définitivement : elle est contredite par les faits mêmes qu'il rapporte, et par les témoignages que nous avons mentionnés. Un document d'ailleurs récemment découvert, la lettre de Vannina, publiée par M. le professeur Roberti, ne laisse plus de doute sur la pensée et les sentiments qui ont déterminé cette malheureuse femme. Elle contient des confidences, presque des aveux, qui permettent de pénétrer pour la première fois jusqu'au fond de son âme, et d'établir l'indignité de sa conduite et son coupable égarement. Cette lettre, toute entière écrite de sa main, qu'elle put adresser de sa prison d'Antibes au Sénat de Gênes, pour le supplier d'obtenir de M. de Sommerive la liberté et la permission de continuer son voyage, est le document le plus important de ce travail. Il mérite d'être examiné avec le soin le plus attentif.

Très Illustres Excellents Seigneurs,
  Mes Maîtres toujours Sérénissimes.

« Il y a plusieurs jours que, par l'entremise du Magnifique Barthélemy Salvago, Votre Illustrissime Seigneurie a été sollicitée en mon nom de m'accorder un sauf-conduit, afin de pouvoir venir à Gênes saluer Vos Illustrissimes Seigneuries, et les reconnaître pour mes véritables Seigneurs et Maîtres, comme tel a été mon sentiment pendant plusieurs années. Après avoir obtenu le sauf-conduit, je croyais pouvoir venir en personne les remercier du bien qu'Elles avaient daigné me faire, mais mon triste sort qui ne commence pas à présent, mais qui commença quand j'eus à faire avec les personnes qui m'enlevèrent à l'autorité de mes Maîtres et Seigneurs, ne cesse plus de me poursuivre. C'est pour cela que Vos Illustres Seigneuries apprendront qu'aussitôt que j'eus obtenu ledit sauf-conduit et la permission du Seigneur de Meuillon, gouverneur de Marseille, je me mis en route, pour venir accomplir vis-à-vis de mes maîtres ce que je désirais. Arrivé à un endroit qu'on nomme le Cap d'Antibes, je fus violemment assaillie par Antoine de Saint-Florent, un ennemi de Votre Illustrissime Seigneurie, et par douze autres Corses, disant qu'ils avaient été envoyés par le Seigneur Comte de Fiesque et par le Seigneur de Carses, et que ceux-ci, en leur qualité d'amis du Colonel Sampiero, ne voulaient pas que je me misse aux mains de ses ennemis. Cet Antoine de Saint-Florent vint trois ou quatre fois pour me tuer, et blessa les pauvres serviteurs qui étaient avec moi. Après que nous fûmes arrivés dans la ville, où je pensais pouvoir expliquer mes raisons, j'ai fait connaître à tout le monde les violences dont j'avais été l'objet. Ne sachant que dire, ils prétendirent que j'avais combiné une trahison à Marseille pour livrer la ville aux Génois, et alors tout le monde se tourna contre moi. Après quoi, comme cela ne pouvait être cru, ils ont dit un monde d'autres choses à M. de Sommerive qu'il serait trop long de raconter, et entre autres ils lui ont dit qu'ils savaient, comme chose certaine, que les Seigneurs de Gênes pour déshonorer le Colonel Sampiero me voulaient marier avec un gentilhomme génois, avec un grand nombre d'imputations que je ne sais comment le Seigneur de Sommerive a pu tolérer. On alla devant Sa Seigneurie, et en définitive je suis ici en prison dans les mains du Seigneur d'Antibes, bien surveillée, au point de ne pouvoir parler à aucunes personnes sans bonnes gardes, et surtout à celles qui viennent de Gênes ou qui s'y rendent. Je n'ai jusqu'à présent rien fait connaître à Vos Illustrissimes Seigneuries, soit parce que je n'en ai pas eu la possibilité, soit pour ne pas éveiller encore plus leurs soupçons. Mais voyant maintenant que les choses durent trop longtemps, et que, dans quelques mois, le Colonel pourrait être de retour de son voyage, et comme je crois qu'il me pardonnerait toute faute que je pourrais avoir commise contre Sa Seigneurie, excepté celle d'avoir voulu venir dans ce pays (à Gênes), ce qui me coûtera la vie, il m'a paru qu'il fallait se décider à m'adresser à Vos Illustrissimes Seigneuries, non pas que je mérite qu'elles doivent se donner la peine de lire cette longue lettre mal écrite, mais parce que je sais combien leurs Seigneuries sont disposées à faire du bien à tous ceux qui s'adressent à elles et surtout à leurs sujettes et vassales. Je prends donc la hardiesse de les informer les suppliant, pour l'amour de Dieu, de daigner écrire une lettre à M. de Sommerive, et de le prier de vouloir bien me laisser poursuivre mon voyage, à condition cependant qu'il paraisse à Vos Illustrissimes Seigneuries que cela soit de propos ; et pour ne pas leur écrire plus longuement, je terminerai avec mes humbles supplications, priant Dieu qu'il les rende pour longtemps heureuses et prospères.

» D'Antibes, ce jour 15 janvier 1563.

» *De Vos Illustrissimes Seigneuries,*
» Banina d'Ornano. »

Après cette lecture, que devient le récit de Filippini ? Quelle confiance peut-on y ajouter ? et comment admettre un seul moment les motifs qu'il donne du départ de Vannina pour Gênes ? De la restitution de ses biens, elle n'en dit pas un mot : de ses enfants, il n'en est pas question ; de Sampiero, elle n'en parle que pour exprimer l'effroi que lui inspire son retour et le châtiment qui la menace, tant elle a conscience de l'offense qu'elle lui a faite. Cette lettre la condamne : l'aversion qu'elle témoigne pour son mari, ses relations avec les Génois et l'attachement qu'elle leur porte y sont manifestes. Vannina prétend, il est vrai, que toutes les accusations portées contre elle sont injustes ; mais elle s'en défend mal, et son embarras à s'expliquer est visible. Elle se garde de les préciser : ne pouvant se justifier elle a soin de ne pas les faire connaître, et si elle en indique quelques-unes, elle les invente assurément. Est-il possible d'admettre, par exemple, qu'un vieux capitaine d'expérience et de ferme bon sens comme Antoine de Saint-Florent lui ait reproché d'avoir voulu par trahison livrer Marseille aux Génois ? De quelle portée pouvait être devant M. de Sommerive une pareille imputation ? Au dire des historiens, M. de Sommerive était un homme de bien et d'honneur. En décidant que Vannina resterait prisonnière, n'avait-il pas reconnu que les accusations portées contre elle étaient établies, et qu'elle ne méritait aucune indulgence. Quant à Antoine de Saint-Florent, cet ami dévoué de Sampiero et de sa famille, qui, la guerre terminée, suivit Alphonse en France, comment croire un seul instant qu'il ait voulu perdre et déshonorer cette malheureuse femme ?

Il faut donc en finir avec la version de Filippini et reconnaître que l'aversion de Vannina pour son mari, la crainte qu'elle avait de retourner en Corse avec lui, le désir et l'espoir de trouver à Gênes une vie plus heureuse et plus libre, comme le dit de Thou, la décidèrent à s'enfuir de Marseille et à abandonner le foyer conjugal. Dès à présent il faut donc retenir que sa conduite fut indigne, et que sa faute fut de celles qui, dans les mœurs du temps et dans la situation où se trouvait Sampiero, ne pouvait être pardonnée.

Mais voici qui est plus grave. Brantôme rapporte que Vannina était une épouse infidèle et que c'est pour ce motif que Sampiero l'a étranglée. Bien que les récits de cet auteur soient parfois plus amusants que solides, il n'y pas de raison, en cette circonstance, de suspecter ses renseignements. En 1563, Brantôme avait près de trente ans : il fréquentait la Cour depuis plusieurs années, avait voyagé en Italie, servi en Piémont, accompagné Marie Stuart en Ecosse : c'était, comme Sampiero, un serviteur et un ami des Guise, et l'on peut croire que les détails et les causes de la mort de Vannina n'avaient pas échappé à son esprit curieux. Mais il y a plus : il était le neveu de Madame de Dampierre, sœur de La Chastaigneraye, celui que Jarnac tua en duel. Sampiero et La Chastaigneraye avaient été très liés et compagnons d'armes dans les guerres du Piémont, et notamment au premier siège de Coni, où tous deux montés au plus haut de la brèche, avaient été jetés en bas et blessés. En souvenir de son frère, Madame de Dampierre portait le plus vif intérêt à Sampiero qui s'adressait souvent à elle pour se recommander. Elle était intervenue plusieurs fois auprès du Roi et de la Reine Mère, à l'époque, où, après le traité de Cateau-Cambrésis, il réclamait la restitution de ses biens, et c'est sur sa sollicitation qu'Alphonse d'Ornano obtint plus tard de retourner en France avec un régiment de Corses (1). Brantôme connaissait

---

(1) « San Petro étoit brave, vaillant et déterminé, ainsi qu'il le fit connaître à l'assaut du premier siège de Coni où feu mon oncle La Chastaigneraye et lui s'étant donnés la main comme bons amis et compagnons, et étant montés en haut sur la brèche, combattants vaillamment, le dit San Petro fut bouleversé de haut en bas, et fut mon oncle blessé d'une grande harquebusade... Et tel ce conte me fut-il confirmé par Madame de Dampierre, ma tante, laquelle étoit lors à la Cour et me le dict sur un subject un jour qui se présenta qu'estoit que le dict San Petro Corso luy avait écrit une lettre

donc Sampiero par tout ce que lui en avait dit Madame de Dampierre, et il est évident que s'il n'a pas été directement informé des faits qu'il rapporte, il a composé son récit, d'après les renseignements qui lui ont été fournis par sa tante.

« J'ai ouy parler, dit-il, d'un brave et vaillant capitaine qui ayant quelque soupçon de sa femme qu'il avait prise en très bon lieu la vint trouver sans autre suite, et l'estrangla lui-même de sa main de son escharpe blanche, puis la fit enter-

---

de Corsègue par laquelle la supplioit et la conjuroit par la grande amitié que feu mon oncle La Chastaigneraye, son frère, lui avait porté en France de vouloir prier leurs Majestés pour luy, et luy servir de bonne dame et amye. Car il faut scavoir que ce brave Capitaine, la paix entre les deux Rois Chrétien et Catholique faicte, un chacun rentreroit en ses biens. Le Seigneur San Petro jouit aussi mal aysément du bénéfice de cette paix qu'aucun Seigneur et Capitaine, et puis il fallut longtemps, et a esté contraint de faire la guerre aux Génois et avoir par la pointe de l'épée ce qu'il a peu de sorte qu'il leur a fait bien du mal, eux aussi lui en firent-ils bien. Et sur ce subject prioit Madame de Dampierre d'intercéder pour lui envers leurs Majestés, afin de parfournir le reste de ses jours en tranquillité. Ma dicte dame et tante me montra la lettre et à d'autres qui dinions un jour avecques elle, nous demandant à deviner à tous qui luy pourroit écrire, nous disant toujours que c'estoit un très grand et vaillant Capitaine qui escrivoit. Nous lui en nommâmes assez, mais nous ne peusmes jamais penser à celuy-là, et puis nous donna à lire la lettre qui estoit très bien faicte de cavallier et de gallant homme, sur quoy Madame de Dampierre qui estoit très bonne amie quand elle vouloit, aussi très grande ennemie et dangereuse, elle advisa à faire tous les plaisirs qu'elle peust, même de solliciteuse à l'endroit de leurs Majestés, lesquelles elle pria humblement pour luy qui d'autant qu'elles l'aymaient, honoraient et la croyaient beaucoup, advisèrent à faire paraître la bonne volonté qu'elles avaient à l'endroit du dict San Petro Corso. Et ne faut doubter nullement qu'encor que ses services pussent beaucoup, si est ce que la sollicitation de ma dicte dame lui servit infiniment, et surtout de faire venir en France, le Seigneur Alphonso Corso, son fils, avecques un régiment de Corses. » (BRANTÔME).

rer le plus honorablement qu'il peûst, et assista aux obsèques habillé en deuil fort triste et le porta longtemps ainsi habillé. Et voilà la pauvre femme fort satisfaite. Et pour la bien ressusciter par belles cérémonies, il en fit de mesme à une demoiselle de sa dite femme, qui luy tenoit la main à ses amours. Il ne mourut sans lignée de cette femme, car il eut un brave fils des vaillants et des premiers de sa patrie, et qui par sa valeur et ses mérites, vint à de grands grades, pour avoir bien servy ses Rois et Maîtres (1) ».

C'est ce passage de Brantôme que tous les auteurs ont supprimé. De quelque manière qu'on le juge, qu'on l'accepte, comme nous le faisons, ou qu'on le rejette, il mérite l'examen, et doit avoir désormais sa place parmi les documents essentiels à consulter. Quand il s'agit d'un sujet obscur et hérissé de difficultés, il faut tout au moins que ceux qui ont souci de la vérité historique mettent à la portée du lecteur tous les éléments qui peuvent servir à l'établir.

---

(1) BRANTÔME, Tome III, pp. 12 et 13; Londres 1779.

CHAPITRE SIXIÈME

Au commencement du mois de juillet 1563, Sampiero arriva à Marseille. Il était informé de tout ce qui s'était passé. Après avoir fait cadeau au capitaine de la galiote, qui l'avait porté, de quelques tonneaux de vin, et l'avoir généreusement traité, il monta à cheval, et se rendit à Aix, où le Gouverneur d'Antibes avait envoyé Vannina. Arrivé la nuit, il attendit jusqu'au matin, devant la maison où elle était gardée, pénétra, à l'improviste, dans sa chambre, et voulut l'emmener. Les officiers de la justice l'en empêchèrent. Le Parlement fut saisi de l'affaire, mais comme elle consentait à retourner avec son mari, le Parlement ordonna, le 15 juillet, qu'elle lui serait rendue. Sampiero conduisit Vannina à Marseille. Que se passa-t-il dans cette suprême entrevue ? Il faut croire qu'elle n'eut pas de témoins ou que ceux, en petit nombre, qui y assistèrent ont gardé le secret. Nous n'avons donc pas de détails à donner sur ces derniers moments à propos desquels l'imagination de tant d'auteurs s'est donné un si libre cours. Sampiero étrangla sa femme, et la fit enterrer dans l'église des Cordeliers avec les honneurs 'dûs à son rang. Il mit à mort, en même temps, les domestiques qu'il crut ses complices. Arrivé à ce point, le récit de Filippini est sobre et rapide. Il se borne à dire que Sampiero tua (*amazzò*) sa femme, et qu'elle demanda comme dernière grâce à son mari, de mourir de sa main : mais il se tait, pour ne pas aggraver l'horreur de cette exécution, sur la mort des serviteurs. Le fait cependant est certain. On a vu que Deodato de Casta, dans la lettre qu'il écrivit de Pise, quelques jours après l'événement, à Cosme de Médicis, lui annonça que Sampiero avait aussi tué son secrétaire et son cuisinier. D'après Brantôme, il n'aurait étranglé que la demoiselle de sa femme qui lui tenait la main à ses amours, tandis que Banchero rapporte qu'il fit mourir ses deux suivantes, (*strangolò la moglie con due sue damigelle*), et non ses deux propres filles, comme l'ont entendu Augustin Fabre et Amédée Bondin, dans leur histoire de Marseille, et tant d'autres, qui n'ont même pas compris le sens du mot italien. Ces divergences sur le nombre et la qualité des serviteurs mis à mort n'ont pas d'importance : ce qu'il faut retenir, c'est que Sampiero ne se serait pas livré à de pareilles extrémités, s'ils n'avaient fait qu'accompagner leur maîtresse dans sa fuite de Marseille. S'il se montra donc sans pitié, c'est qu'il eut à punir une indigne trahison de leur part, l'offense la plus grave faite à son honneur, les complices des amours de sa femme.

Cette mort de Vannina a été le sujet des récits les plus romanesques et les plus invraisemblables. Séduits par le tableau qu'en ont tracé de Thou et d'Aubigné, les auteurs ont représenté Sampiero le chapeau à la main, un genou à terre, demandant pardon à sa femme avant de l'étrangler. Nous avons dit ce que nous en pensions. Ces raffinements, cet apparât, ce langage sont contraires à la nature des choses, et le caractère bien connu de Sampiero les exclut absolument. On a répété, qu'après avoir tué Vannina, il se rendit promptement à Paris où son arrivée souleva l'indignation universelle, surtout parmi les Dames de la Cour ; que la Reine refusa de le voir, mais que sans se troubler et redressant fièrement la tête devant le Roi et les Courtisans, il s'écria, un jour en montrant ses blessures : « Qu'importe au Roi et à l'État que Sampiero ait été bien ou mal avec sa femme. » Cette scène à effet et ces déclamations nous laissent incrédule. Telles étaient les mœurs violentes du temps et l'habitude de se faire justice à soi-même que la mort de Vannina ne dut causer ni l'horreur ni l'effroi dont parlent les écrivains, qui, sans réflexion, ont suivi de Thou et d'Aubigné. On a vu qu'on s'en entretenait à Madrid, à l'ambassade d'Espagne, sans s'en émouvoir, et il est bien certain que l'honneur et la réputation de Sampiero n'en restèrent pas atteints. Il fut jusqu'à sa mort considéré comme l'un des capitaines les plus estimés de son temps. Le Roi et la Reine Mère qui, sous les menaces de Philippe II, avaient été contraints de désavouer son entreprise de Corse, ne cessèrent de lui continuer leur amitié et de l'aider secrètement en lui envoyant les quelques secours dont ils pouvaient disposer. Il conserva toujours la vive affection de Cosme de Médicis qui, en apprenant sa mort, écrivit à son fils Alphonse une lettre où il lui exprimait les regrets les plus touchants (1), et tel était le souvenir qu'il avait laissé de son caractère et de ses qualités que bien des années après, en 1593, le pape Clément VII, s'adressant à Alphonse d'Ornano pour lui reprocher de s'être déclaré en faveur de Henri IV, « hérétique, relaps, excommunié et par conséquent retranché de l'Église », il lui rappela en exemple

---

(1) L'antica servitù di Sampiero vostro padre con il nostro, c'habbian gloria, et la devozione ch'egli ha mostrato sempre verso di noi e della casa nostra insieme con tutta quella amorevolissima natione, ci han fatto sentire la morte sua con molta amaritudine. Voi per una banda dovete dolervi grandemente d'esser privo di genitore si valoroso, ma per l'altra havete a gloriarvi et pigliar molta consolatione d'esser figlio di padre così raro con ingegnarvi d'imitarlo virtuosamente in ogni vostra attione.

(Lettre de Florence. — 18 février 1567).

les mérites et la droiture de son père, montrant ainsi en quelle estime il tenait sa mémoire (1). »

Il faut se résumer, en peu de mots, puisque déjà nous avons exprimé en grande partie notre opinion sur l'œuvre de Filippini, et sur l'usage qu'en ont fait ceux qui ont écrit après lui sur Vannina. Tous se sont rencontrés pour l'innocenter ou l'excuser, pour entourer sa figure d'une auréole poétique, et trouver la conduite de Sampiero odieuse et barbare. La complaisance des uns et l'ignorance des autres ont créé une légende. Elle a plu et peut plaire encore à ceux qui ne veulent s'instruire que superficiellement, ou s'amuser en lisant, mais elle doit disparaître de tout ouvrage sérieux. Quelque regret qu'on ait de perdre ses illusions, il n'est pas possible de regarder Vannina, comme la victime de son dévouement pour sa famille, et d'admettre qu'un vieux Capitaine d'honneur, comme Sampiero, lui ait fait expier par la mort un moment de faiblesse et de généreux égarement. Cette version a fait son temps, il faut l'abandonner, pour retenir par contre

---

(1) Clément VII était un Aldobrandini. « Vous connaissez, écrit-il à Alphonse d'Ornano, l'état que nous faisons de vous tant par la mémoire honorable de votre père avec lequel le nôtre avait contracté une amitié et une familiarité non communes.... Il ne nous est resté aucun moyen de faire paraître notre charité et dilection envers vous que celui que vous jugerez le plus propre et le plus considérable de tous, si vous voulez le considérer de près et selon l'état des affaires, lequel nous avons très volontiers employé, c'est de vous écrire, de vous exhorter et vous remettre devant les yeux, ce que nous savons vous être le plus cher, à savoir votre renommée, honneur et réputation et la mémoire des mérites de votre père que vous avez obscurcie et grandement offensée par l'entreprise que vous avez faite d'assister les hérétiques et leur aider de vos conseils et de vos armes. C'est une tache que votre défunt père s'il vivait s'efforcerait d'effacer et de racheter de son propre sang, et d'autant que cette faute est grande, d'autant est grande la connaissance que vous devez avoir de votre amour envers nous. » (Lettre traduite du latin du Pape Clément VII à Alphonse d'Ornano du 30 janvier 1593. Tirée du manuscrit de Canault).

que c'est un intérêt criminel qui a déterminé Vannina à s'enfuir pour Gênes, auprès des ennemis de son pays et de son mari. Sachant en effet qu'à son retour du Levant Sampiero l'obligerait à le suivre en Corse, remplie du souvenir des misères passées, effrayée de l'avenir, sans attachement pour un mari qu'elle considérait comme la cause de ses infortunes, libre dans sa maison, pendant ses longues absences, jeune encore, aimant le luxe et la parure, n'ayant auprès d'elle aucun parent pour la conseiller, sans défense contre les surprises des passions, et emportée par le désir de s'affranchir de tout joug, Vannina, dont aucun sentiment patriotique ne faisait battre le cœur, a trouvé la tâche trop lourde, abandonné le foyer domestique et rompu tous les liens de la vie conjugale.

Telle est la conclusion de ce travail. Malgré les lacunes qu'il contient dans certaines parties, et dont nous pouvons nous rendre compte mieux que personne, il nous semble que notre démonstration est suffisante, et que nous nous sommes approché de la vérité historique, autant qu'il est possible d'en approcher, sur un événement, qui par sa nature même, comme nous l'avons dit, échappera toujours par quelque côté aux investigations les plus attentives. Quelque incomplète que soit notre étude, elle renferme des documents nombreux. Les uns sont inédits, les autres auront été utilisés pour la première fois. Elle pourra donc servir de base tout au moins à des travaux définitifs que d'autres, plus heureux que nous dans leurs recherches, pourront publier un jour.

APPENDICES

APPENDICE A.

Récit de la mort de Vannina d'après de Thou.

Tandisque Sampiero était à Constantinople les Génois ne négligèrent rien pour faire de la peine à un ennemi si déclaré, et pour lui faire abandonner les pernicieux desseins qu'il avait formés contre la République. Dans cette vue ils firent en sorte de se rendre maîtres de sa femme et de ses enfants. Pour cet effet ils gagnèrent les domestiques de sa femme et entre autres Augustin Bazzicalupo qui allait souvent de Marseille à Gênes et Michel Prêtre à qui Sampiero avait confié le soin d'Alphonse et d'Antoine-François, ses deux fils. Poussés par les Génois, ils conseillèrent à Vannina de quitter son mari coupable de crime d'Etat, d'abandonner sa maison et de se rendre avec ses enfants à Gênes, auprès de ses légitimes Maîtres. Ils lui persuadèrent que c'était le seul moyen de recouvrer pour elle et ses enfants les biens que le crime de son mari lui avait fait perdre et d'obtenir enfin de la clémence de la République la grâce du rebelle Sampietro. On n'eut pas de peine à séduire une femme légère et volage qui haïssait un mari sombre, fâcheux et de mauvaise humeur et qui aspirait au plaisir de mener une vie plus libre. Ayant envoyé devant elle ses meubles les plus précieux, elle se déroba à tous ses amis, et partit de Marseille sur une petite barque. Antoine de Saint-Florent en ayant eu avis monta sur un brigantin et fit tant de diligence qu'il la joignit proche d'Antibes, la délivra de sa barque et la mit entre les mains du Seigneur du lieu. Celui-ci la fit conduire avec son fils à Aix où est le Parlement de Provence.

Sampietro revenant de Constantinople était déjà descendu sur les côtes de Barbarie. Il revenait à Marseille, lorsqu'il apprit ce qui était arrivé à sa femme. Il en fut si troublé qu'aveuglé par la fureur, il tua Pierre-Jean Calvese, son domestique, parce que, comme ils s'entretenaient de cette affaire, il eut l'imprudence de dire à Sampietro qu'il l'avait bien sçue auparavant, mais qu'il n'avait pas voulu lui en parler, de peur qu'il n'eut le sort de Flore de Corte que sa femme fit étrangler par ses esclaves Turcs. Sampietro étant abordé à Marseille vint la nuit à Aix dans la maison où sa femme était gardée. Il demanda qu'on la lui remit entre les mains. Le Parlement s'y opposa. Mais Vannina qui avait un courage au dessus de son sexe, quoiqu'elle se doutât bien du funeste sort qu'on lui préparait, déclara qu'elle voulait bien retourner avec son mari. Ils vinrent donc ensemble dans la maison qu'ils avaient à Marseille. A la vue des murailles nues de sa maison, car elle avait fait enlever les meubles, le ressentiment de Sampietro se renouvela. Comme il était de basse extraction, et qu'il ne s'était élevé que par ses belles actions militaires, et que Vannina au contraire était d'une illustre naissance, il s'était accoutumé à lui parler toujours avec respect. Il lui parla cette dernière fois de la même manière, il lui reprocha sa perfidie, et lui dit que la faute qu'elle avait commise méritait la mort. Puis ôtant son chapeau il lui annonça qu'elle devait se disposer à mourir. Comme il pensait à faire venir des esclaves Turcs pour cette expédition, Vannina ne le pria pas de lui accorder la vie, mais elle lui demanda en grâce et avec instance, que puisqu'il lui fallait mourir, elle eût la consolation de rendre son âme à Dieu, non pas entre les mains de vils esclaves, mais dans celle de l'homme qu'elle n'avait pour son mari qu'à cause de sa valeur et de son courage : Sampietro s'imaginant que Vannina lui disait cela sérieusement et n'étant pas plus touché de compassion, fit comme un bourreau qui exécuterait la sentence d'un juge. Il demanda humblement pardon à sa femme : ensuite il lui mit un mouchoir au cou et l'étrangla. (*Traduction*).

APPENDICE B.

Récit de la mort de Vannina d'après d'Aubigné.

Les nouvelles de Gênes sont en notre chemin qui touchent à la France pour la retraite qu'avait à Marseille San Petre Corse duquel avant dire la fin, nous avons estimé devoir peindre son étrange nature, en vous contant comment étant pauvre soldat, il avait pour sa valeur espousé la Dame d'Ornano de grande maison et de condition eslevée par dessus lui. La paix était faite pour le général et non pour lui, et ayant, comme nous avons dit, cherché en France et à Florence du support pour ses desseins, il fit pour cela même un voyage à Constantinople durant lequel ceux d'Ornano et autres parents de sa femme lui ayant fait savoir de leurs nouvelles et persuader de venir jusques à Gênes où elle pourrait concilier les haineux de son mari, et mesme le faire rappeler de bannissement, cette femme induite à cela se desroba de Marseille, mais poursuivie par un ami de San Petre fut ramenée à Aix et là tenue en quelque sorte de captivité jusques à la venue de son mari, qui à son arrivée trouva ce fait si amer qu'un de ses familiers l'excusant il le fit étrangler par des esclaves Turcs ; de là il vient à Aix où la justice fit difficulté de lui mettre sa femme entre ses mains, mais elle, bien que pleine de crainte, demande d'y être : il la ramène à Marseille parlant toujours à elle avec beaucoup d'honneur, si bien que là tête nue il lui annonça que par sa faute d'avoir voulu voir ses ennemis, il fallait qu'elle fut étranglée par ses esclaves ; elle ne refusa pas la mort, mais se contenta de lui dire : « Il y vingt ans que votre vertu m'a esmue à vous faire mon mari ; depuis ce temps-là je n'ai souffert le toucher d'homme vivant que de vous ; je vous supplie que ma mort ne soit pas souillée par ces vilaines mains, mais que les vostres honorables par leur valleur me conduisent au repos. » Cela dit l'appela sa maîtresse et lui demanda pardon un genoux à terre, et puis lui mit des bandes de toilles dans le col avec lesquelles il l'étrangla, ne demeurant guères à prendre ses chevaux de poste pour s'en aller en cour, où il n'arriva si tost que la nouvelle ; là il fut reçu avec tant d'horreur principalement des dames que bien qu'il monstrât son estomac couvert de playes pour la France, qui n'avait que faire, disait-il, des affaires de sa famille, si est ce que le mauvais visage qu'il recevait le poussa à venir exercer ses vengeances en Corse.

(D'AUBIGNÉ, *Histoire Universelle*, chapitre XVII, livre 3, pp. 232-233. Chez Jean Moussat, MDLXVI.)

APPENDICE C.

Obligation de Banina d'Ornano passée à Michel-Ange Ombrone.

Io sottosegnata Banina d'Ornano confesso essere debitrice a Voi Messer Michel Angelo Ombrone di scuti cento cinquanta d'oro in uso quali sono per uno diamante et uno rubino et uno... di agati rossi et turchini legati in oro quali danari havete per me pagati in Parigi a maestro Francesco Ghiardo, orafo, di mia comissione che vi prometto pagarveli alla mia giunta in Genova e più vi prometto pagar le due collane d'oro di peso cinquanta et scudi sessanta cinque d'oro per lo diamante rubino et zafirio et il vostro giacho che avete impegnato a Parigi più fà per lo nutrimento d'Alphonso mio figliolo e in tutto fano la somma di scudi ducento sessanta cinque le sudetti due presti li quali come ho detto prometto pagar in Genova quando vi sarò giunta et per fede ho fatto la presente sottosegnata di mia mano in Asay al di primo di luglio 1563.

Segnata : BANINA D'ORNANO.

(*Loc. Sigilli*).

APPENDICE *D-E*.

Requête de Michel-Ange Ombrone.

Illustrissimo et Ecc^{mo} Signore,

Michel Ang'lo da Talamone humiliss' servitor di V Ecc^a alla Medema remostra sicome egli deve havere dalla già fù Signora Bannina de Ornano la soma di scudi ducento sessanta cinque d'oro come par'per una politia di sua mano e sigillata di suo sigillo dove che vorria esso Michel Ang'lo per testimonii degni di fede che hanno cognitione della mano e scrittura della d^a Bannina et anche del suo sigillo per far rlcognoscier d^a politia per servirsene quando bisoznerà, per il che humilmente supplica l'Ecc V^a che gli piaccia ordinar al Signor Cancer che examinj tutti quelli testimoni che da lui per tal causa gli saranno prodotti et sperando di lei tal gratia fa fine, Eddio pregando la felicità.

Titoli probatori di Michel Angelo Ombrone da Talamone per li quali egli intende provar come qui basso si legge.

Et primo a provar a far fede sicome la politia della fu Signora Bannina de Ornano, in data del primo di luglio del 1563, in Axais, dove si fa debitrice al d.to Michel Angelo della soma di scudi ducento sessanta cinque d'oro e litteratura è della propria mano della fù Signora Bannina.

A provar e far fede sicome l'impressione del sigillo della d.a politia è proprio dell'arme della casa d'Ornano et quelle che d.a Signora Bannina usava in sue littera sempre.

Déposition de Témoins pour Michel Ange Ombrone.

1567, a dì VIII di Novembre.

Nicolò Staglieno del quondam... testimonio esibito ad instanza di detto Michele Angelo Ombrone, datoli giuramento e mostratoli detta polizza dice per suo giuramento che esso testimonio tene fermamente che la detta polizza la scritta e sottoscritta di sua mano et il sigillo esser il solito di detta Banina et lo certifica.

Interrogato come lo sà,

Risponde che quando viveva il quondam Francesco d'Ornano padre di detta Banina esso testimonio praticava in sua casa et massime al tempo che si solevò l'Isola la prima volta che si ritirò in sua casa per salvarsi et vedeva la detta Banina era là che in absenzia di Sampero faceva patenti... et era nel scrivere molto pronta et vidi il sigillo che usava che era l'istesso della detta polizza.

Interrogato che puo esser che detta polizza non sia di mano di detta Banina,

Risponde non, di mio giudizio è di sua mano e ne havea in casa tre o quatro patenti sue et all'Ajazzo vene sono diverse.

Interrogato se conosce esser detto sigillo l'istesso di detta Banina,

Risponde che è l'istesso della detta Banina.. Non è parente.

A dì XVIII di Novembre.

Manfredo quondam R.... testimonio esaminato sopra di detta scritura datoli istruzione, veduta la detta polizza, dice che a suo giudizio detta polizza è scritta e sottoscritta di mano di detta Banina la quale ha veduto molte volte firmare la sua litteratura... e nel sigillo dice essere l'arme di Francesco suo padre e l'ha veduto piu volte.

A dì XX Novembre.

Il Caporal... come sopra, essendoli dato istruzione, dice che esso testimonio ha veduto diverse volte scrivere detta Banina et ha la notizia della sua litteratura e la polizza a esso mostrata è di mano di detta Banina scritta et sottoscritta et il sigillo è il medemo della detta donna la quale ha più volte scritto a esso testimonio che era suo molto domestico e per ciò sa il contenuto di sopra esser vero.

Interrogato come lo sà,

Risponde che è per quanto ha detto.

Interrogato se puol credere che non sia di detta Banina.

Risponde: — Io la tengo perfetamente di sua mano, ho detto.

APPENDICE E.

Lettre de Sampiero au Sénat de Gênes, du 14 Juin 1545.

Magnifici et Prestantissimi Signori e Patroni
    mei osservantissimi.

Di poi presi licentia da Vostre Magnificentie per venire qua, dove dopo lo essere stato alcuni giorni quelle haranno inteso dal Signor mia Socero la celebratione del matrimonio contracto con sua figlia che sopra ciò non mi è parso possere aparentarmi con più fidele e miglior servitore di Vostre Magnificentie che con esso.

Acade, come quelle sanno, che io non haveva licentia per più di quattro mesi da V. M. con quelli honori d'arme et altre honorantie per sue lettere a me concesse, et medesimamente non havendo licentia dala M^{ta} X^a per più d'altri quattro mesi, havevo deliberato ritornare da Sua M^{ta}, et intendendo essere la guerra in piede per la Inghilterra havevo deliberato portare con meco cento cinquanta overo ducento Compagni, ma prima venire da V. M. a farli reverentia et da esse togler licentia per ritornarme al servitio di Sua M^{ta}, dilche ne havevo scripto al Magnifico Sr Governatore in Calvi, pregando Sua S^{ria} fusse contenta concedermi tal licentia dil numero de sopradicti compagni, et che in esso loco anderei ad imbarcarme, esso Sor Governatore me respose non possere darme tal licentia perche bisognava haverla dalle V. M. a le quale per tanto suplico da buon servitore si degnino concederme tal licentia di possere conducere di qua in Genova, per la Riviera o Provenza dicti Compagni, a benche la disposition mia è di venire ad fare riverentia a V. M. e quelle rengratiare di li honori e bone dimostratione usate per Sua Summità verso di me loro fidelissimo servitore, onde prego il Summo Creatore del Universo me conceda gratia chio possa in qualche parte dimostrare la integra servitù et bona volonta ho et harò sempre verso V. M. come più largamente a bocca venendo di quelle mi riserbo dirglie, suplicandole si degnino farme gratia di mandarme in scriptis dicta licentia, et ordinare al Magnifico Suo Governatore et sui officiali che nelo imbarcare et conducere fora di questa Isola il numero di dicti Compagni non me sia data molestia ne impedimento. Acciò non para a S. M^{ta} io esser negligente a li servitii sui ali quali son obligato, et perche le M. M. me concesseno licentia di potere portare le arme per li quattro mesi, quali non mancano sempre invidi et malevoli. Piacerà a quelle ordinare al Prefato Magnifico Governatore et sui officiali che in quel spatio di tempo che ho da star qui non me sia prohibito il portare dite arme a me e miei servitori tanto per honorantia quanto per ogni altro rispeto, perche io non son venuto qua per offendere alcuno, e questo e tutte le altre cose mie le rimeto a la volonta et arbitrio di V. M. quali Dio feliciti et augmenti secondo desiderano et a quelle di continuo me recomanda.

Da Bastelica a li 14 di Zugno nel 45.
S. V. S.

Humil Servitore,
SAMPERO CORSO.

On a imprimé dernièrement, et assurément de bonne foi, à Ajaccio, un contrat de mariage passé entre François d'Ornano et Sampiero, daté du 20 août 1528. Comme ce document a été fabriqué d'un bout à l'autre, nous croyons devoir le reproduire et en établir la fausseté, d'autant plus qu'il a été publié à profusion.

5

A Die viuti di agosto mille cinque cento vinto octo a Vico d'Ornano in casa de lo Molto Magnifico Signor Francesco d'Ornano.

In nomine domini, amen. — Constituiti davanti a me Not° et testimonj il detto Molto Mag^co Signor Franc° Condam Signor Alfonso d'Ornano et lo Mag^co Sig^or Colonello Sampiero d'Ornano habitante nella terra de Basterga li quali spontaneamente sono convenuti di comuna concordia a fare parentado nelo modo come siegue : Cioè che ritrovandosi deto Mag^co Sig^or Franc^co una sua unica figliola nominata Banina nata da ditto Sig^or Franc^co et de la Sig^ra Franchetta sua moglie di età di anni dodeci et essendo esso Sig^or Francesco patrone et Sig^or de la metà de la Signoria et Vassali de lo feudo che tengono con lo Signor Bernardino suo fratt° d'Ornano da lo prestantissimo Off° come costa per lo loro partimento et così altri suoi beni alodiali, vole per ciò e promette detto Sig^or Fran° di dare a lo detto Sig^or Colonello Sampiero la detta sua unica figlia Banina per sua legittima sposa et in dote et patrimonio li da, concede et trasferre, tutta la detta sua signoria et vassalli, frutti e taglie che sogliono pagare detti suoi vassalli però riservandosi l'usufrutto di detti vassalli in suo vivente tempo, et simile li da et concede tutti ogni suoi beni mobili et stabili donde per esso si ne trovarà tanto in questa Isola che fora ponendo patto et conditione spressa che lo dominio de li Vassalli et feudo nobile statuisce adesso per allora che siano et esser debbian de lo primo genito che escirà da ditto Sig^or Colonello Sampiero e de la detta Sig^ra Banina. Costituendolo adesso per allora patrone et Sig^re di ditta Signoria escludendo ogni altro che dopo lo primo nasciessi la quale prima genitura dichiara che sia solo primo che nascierà o che succederà per caso di morte prima, supplicando in quanto fosse di bisogno lo prefatto Magn^co Off° dello suo Principe voglia afermare et convalidare et concedere in tutto come sopra, et così esso Sig^or

Colonello Sampiero presente promette che con le conditioni et patti sopra scritti piglierà la detta Signora Banina unica figlia de lo detto Sig^{or} Francesco per sua legittima sposa, servati li riti della Santa Madre Giesia Romana et per segno di detto matrimonio si sono scambievolmente tocchate le mani detto Sig^{or} Francesco et lo detto Sig^{or} Colonello Sampiero, et per che la detta parentia et matrimonio habbia effetto et non possa in modo alcuno mancare il Mag^{co} Sig. Bernardino d'Ornano presente fratt^o de lo detto Signore Franc^o promette et vole essere buona sigurtà d'ambe due le ditte parte che lo detto matrimonio havrà il suo effetto et questo sotto la pena di mille scudi la quale scossa et non scossa resti il detto matrimonio sempre fermo et valido con li patti sopra scritti et dichiarati et questo si intendi per quante volte quante fossi contravenuto al presente contratto le quale sopra scritte cose sono state fatte et rogate nella sopra detta casa et loco d'Ornano, tempo soprascritto alla presentia de testimonj sotto nominati per me Jovanni de Salnese publico et autentico Not^o presenti testimoni Mre Paolo Francesco pievano d'Ornano e Mre Janni da Nicoloso di Santa Maria et Mastro Paoli di Joanni da Sicheni, testimoni chiamati et rogati.

JOANNI SALNESE DA SICHENI, Not°

A dì quattro di Magio mille e cinque cento novanta sei.

In Ajazzo... Facio fede io insfrascritto notaro per la veritta. irequesto dal capitan Biasino de Ochiattana il soprascritto istromento dottale essere fatto e scritto de mano e carattere proprio de frà Jovani quondam Salnessi de Sicheni a queli tempi publico e legal notaro e a le sue scritture esservi sempre dato come notaro piena fede.

In feda de la verittà o scritto e sotto scritto di mio mano proppia.

Crociano del Condam Perand^a,
CAMPOLLA, <i>Notaro.</i></div>

La fausseté de ce document que nous avons placé à l'appendice pour ne pas surcharger d'une trop longue note notre travail, se démontre par des preuves nombreuses. Et d'abord la date donnée à ce contrat est absolument inadmissible. Vannina n'était pas née en 1528 : quant à Sampiero il guerroyait à cette époque dans les Bandes Noires que les Florentins, après la mort de Jean de Médicis, avaient envoyées à Naples au secours des Français. Il avait alors trente ans, et quoique déjà il eût le renom d'un bon et vaillant capitaine, il n'avait pas encore acquis le grade de Colonel et la réputation qui lui valurent la main de Vannina. Il n'est pas un seul auteur d'ailleurs qui ait fixé à une date si reculée le mariage de Sampiero. Tous ont accepté celle donnée par Filippini qui, se trompant, il est vrai, de deux ou trois années, le place en 1548 ou en 1547. On sait aussi et d'une manière certaine, qu'Alphonse d'Ornano naquit en 1548. Si l'on admettait la date portée dans le document dont il s'agit, il résulterait qu'il serait né vingt ans après le mariage de sa mère.

Ce qui prouve encore la fausseté de ce contrat de mariage, c'est que Sampiero y est désigné sous le nom de Sampiero d'Ornano qu'il n'a jamais porté ni signé. San Pero Corso, Sampietro Corso, Sampiero, tels sont les seuls noms qu'il a pris, et sous lesquels il a été connu. Toutes ses lettres, celles que lui adressèrent le Roi et la Reine, le testament même de Franceschetta, sa belle-mère, en témoignent jusqu'à l'évidence. Le nom d'Ornano était celui de la famille de sa femme qu'Alphonse et ses descendants portèrent toujours dans la suite.

Et non seulement il reste établi que cette pièce est fausse, mais il est aisé de démontrer dans quel intérêt elle a été fabriquée. Ce contrat de mariage apparut en 1596. Ce fut Biasino d'Occhiatana, l'auteur de l'Ornano Marte, un capitaine du maréchal Alphonse d'Ornano, qui vint expressément de Bordeaux à Ajaccio, pour en prendre la prétendue expédition. C'est dans cette année que le Maréchal devait être reçu dans l'ordre du Saint-Esprit. Les statuts étaient formels ; ils portaient principalement qu'on ne pouvait être chevalier de l'Ordre, qu'après avoir fait profession de la Religion Catholique, Apostolique et Romaine, et prouvé qu'on était gentilhomme de nom et d'armes de trois races paternelles au moins (1). Il ne pouvait faire cette preuve, Sampiero n'ayant été qu'un soldat de fortune. Biasino y remédia avec la complicité d'un notaire. L'acte de 1528 fut fabriqué et l'évêque d'Ajaccio, Mgr Emile Giustiniani, en certifia l'authenticité ; et comme dans cet acte Sampiero portait le nom d'Ornano, le Maréchal, son fils, put ainsi composer la généalogie de la ligne paternelle, se rattacher à cette ancienne famille de Seigneurs, et recevoir, l'année suivante, l'Ordre du Saint-Esprit.

APPENDICE G.

Extrait du Discours sur les duels par Brantôme (Sampiero et Jean de Turin).

Ce grand Capitaine et brave Jannin de Médicis mit au monde ces deux braves et vaillants Capitaines qui ont estez depuis et tant fidèlement servy la France, San Petro Corso et Jehan de Turin. Estans donc tous deux soubs sa charge, vindrent avoir une question ensemble, et la voulant accorder Jannin de Médicis, jamais il ne put, encore qu'il en tentast tous les moyens, connaissant bien leur humeur et vaillance, que s'ils en venaient là, qu'ils se tuerroient. Par-quoy de dépit, et de

---

(1) *Histoire de l'Ordre du Saint-Esprit* par SAINTE-CROIX. Tome VI, Paris chez M. Duchesne, 1778.

quoy ils ne vouloient ordre et accord, il prit sa cappe, et la mit en deux, et en donna à chacun sa moitié, et deux bonnes espées, et les enferma dans une salle, et leur commanda qu'ils ne sortiroient jamais de là, qu'ils ne fussent d'accord, en quelque façon que ce fust, et n'eussent vuidé leur différent du tout. Ils vindrent donc aux mains. Jehan de Turin donna une estocade au front de San Petro, petite pourtant, mais d'importance, d'autant que le sang luy commença aussi-tost à lui couler sur les yeux et le long du visage, si bien qu'à tous les coups, il lui fallait porter la main pour essuyer les yeux. Jehan de Turin lui dit : « San Petro Corso arreste-toi, et bande un peu ta playe. » L'autre le prenant au mot, print son mouchoir et la banda au mieux qu'il put : puis se remirent au jeu et si rudement que Jehan de Turin eut un si grand coup sur son épée qu'elle lui eschappa de la main, sur quoy San Petro se voulant revancher de semblable courtoisie lui dit : « Jehan de Turin, amasse ton épée, car je ne veux point te blesser avec advantage, » et luy donna loysir de l'amasser. Et pour la troisième fois retournèrent au combat : à quoy ayant esgard les spectateurs qui regardoient les uns par les grilles de la salle, les autres par les fentes et trous de la porte et vindrent faire le rapport à Jannin de Médicis, et le prier de les séparer, et y mettre ordre d'accord, autrement il se paracheveroient de se tuer. Pourquoy il vint aussi-tost ; en entrant dans la salle, il les trouva tous deux, l'un deçà, et l'autre delà, tombez et couchez par terre, n'en pouvant plus, pour les grandes blessures qu'ils s'étaient entre-données, et du grand sang répandn. Soudain, il les fit lever et secourir, et si curieusement panser qu'ils furent guéris quelque temps après ; desquels depuis la France a tiré de bons et grands services, tant deçà que delà des monts. J'ai ouy faire le conte à Monsieur de Cypierre qui estait si grand ami de l'un et de l'autre. Voici de belles bontèz et courtoisies de Cavalliers ....

(Œuvres du Seigneur de Brantôme. Londres, tome XII, pages 134, 135)

APPENDICE *H*.

Lettre de Sampiero à la Seignurie de Lucques.

Ill^{mi} et Ecc^{mi} Signori,

Eo un altra volta per mie lettere supplicai alle Ecc VV. che mi prestassero il favore et autorita loro in la recuperatione delli dui millia scudi che mi sono dovuti da Pier Giulii et Giovanni di Berto e suoi eredi, e perche si per l'absentia mia come per infinità altri rispetti io non ho potuto altrimente conseguire la recuperatione sopradetta, et continuando in la medesima speranza di poter ricuperare questo credito per mezzo di esse, ho preso assunto di rescrivergliene ancor questa volta con supplicarle con quella maggior efficacia che posso ad esserme favorevoli in questa parte et usando della vostra autorita comandare ch'io sia sodisfatto, et quando li detti miei debitori non possino sodistarmi cosi di presente, rimetto alle SS. VV. il dar loro quel tempo che parerà lor più conveniente con questo però che mi si dia ogni sorte di cautela necessaria, che oltre a fare cosa tutta degna et ordinaria della bonta loro, mi metterano in perpetua obligazione et in tanta maggiore quanto ch'esse si degneranno farmi dir un motto del seguito, il che aspetterò qui in Roma dove io sono venuto per comandamenti del Re Christ^{no} in Compagnia del Signor Duca Horatio, et dove io mi fermerò fino all'altro comandamento di S. Ma^{ta}. in questo mezzo mi raccomando con tutto il cuore alle SS. VV. offerendole ogni mio servitio.

Da Roma alli XII di dicembre MDXLVII.

di VV. Ex^{tie}

Servitore,
San Piero Corso.

APPENDICE 1.

Réponse de la Seigneurie à Sampiero.

Habbiamo ricevuto la lettera di V. S. de XII del passato mese per il credito qual dice avere con Giovanni di Berto et Piero di Giulio sopra di che ci scrisse ancor un altra volta di Giugno del MDXLVI et perchè quelli ai quali V. S. ci diceva havere ordinato che dovessero parlare et sollicitare questo negotio non sono mai comparsi quà non gli possiamo sopra di ciò dir altro se non supplicarli il medesimo che gli dicemmo in risposta della sua, ciò e che se si mostrarà quà alcuno in nome di V. S. per tale effetto, noi per dilucidatione del vero non gli mancheremo di tutti quelli offitii che si converranno, et daremo buon ordine che sia udito prontamente et che con breve mano gli sia ministrato sommaria e spedita giustizia accompagnata di tutto il favor nostro desiderando in ogni occorenza mostrare a V. S. l'animo che tegniamo di farli cosa grata come anco più largamente intenderà da Mᵉ Vincenzo Spada cittadino nostro per le cui mani li sarà presentato questa et senza più con tutto il cuore ci offriamo alli comandi e piacer suoi che Dio la conservi felicemente.

Dal nostro Palazzo, alli VIII di Gennaio del MDXVIII.

APPENDICE J.

Lettre de la Seigneurie de Lucques
à Vincent Spada, son agent à Rome.

A Vincenzo Spada.

Nobilis Vir Civis Noster Dilecte,

El Colonello San Piero Corso il quale si trova a Roma con il Signor Duca Horatio ci scrisse di Genova per fin di giugno del 1546 essere creditore di Giovanni di Berto et Piero di Giulio della soma di due milia scudi, et ci pregava a fare offitio che fusse sodisfatto dicendoci pel fratello del detto Piero esser venuti molti beni dapoi la morte sua, acciò che non fusse forzato valersi contro qualche altro Lucchese comme accennava di fare quando non potesse recuperar questo credito, soggiungendo havere ordinato a certi amici suoi bene informati di questo fatto, che ne parlassero con esso noi; in quel tempo li rispondemmo che venendo questi suoi amici noi gli udiremmo volontieri, et non gli mancheremmo di tutti gli favori honesti, et l'haremmo veramente fatto se si fosse mostrato alcuno, il che non essendo seguito non habbiamo udito ragionar più di questa cosa da quel tempo in quà, per fin hora che di costi ci ha scritto di nuovo sopra questo negotio et pregatoci caldamente che con l'autorità nostra vogliamo operare che sia sodisfatto o vero caotelato con tal segurta, che sappi di havere il suo, et perche noi siamo certificati che Giovanni di Berto ruinato è ito abitare in Francia et che Piero di Giulio è morto senza herede, et che certi pochi beni che egli haveva lassati, sono stati assegnati per via di ragione ad alcuni suoi creditori vediamo essere impossibile che questo gentil'homo si possa prevalere di cosa alcuna di questo credito, ma non ci è parso bene scrivernele, anzi l'habbiamo risposto con buone parole che mostrandosi qua persona in nome suo per questo effetto noi terremo mano per dilucidatione della verità a tutti quei buoni offitii che si converranno e che daremo ordine acciò che con brevità di tempo gli sia fatta sommaria et spedita giustizia, et ci è parso a proposito indirizzar tal risposta a voi acciò che ne la presentiate, accompagnandola con qualche grata parola in dimostratione dell'animo che tegniamo di farli piacere et che se mandarà quà per chiarire lo stato dei suoi creditori gli saremo in ogni occorenza graziosi di tutto il favore nostro con quella brevità che sarà possibile estendendovi in questo offitio con quelle parole che vi paranno a proposito... et confidendoci che al solito vostro lo farete con quella amorevolezza et diligenza che solete eseguire le cose che vi sono commisse da noi, non vi diremo più se non che ci offeriamo a vostri piaceri. State sano.

Del nostro Palazzo, alli XII gennaio MDXLVIII.

APPENDICE *K*.

Lettre de Catherine de Médicis à M. de Saint-Sulpice, ambassadeur de France en Espagne.

23 Juin 1564.

A Monsieur de Saint-Sulpice.

..... l'on a voulu faire courir un bruit que San Petro Corso estait avec les Corsaires qui sont en Corse, chose qui s'est trouvée fausse et toutteffoys pour ce qu'ils ont été en peine et en soupçon de son allée en Turquie, le jeune Laubespine vous fera le discours de l'occasion d'icelle dont serez informé pour respondre partout où il sera besoing.

De Lion, 23 jnin 1564.

APPENDICE L.

Lettre de Catherine de Médicis à Monsieur Saint-Sulpice

1564, du 23 au 30 Août.

A Monsieur de Saint-Sulpice.

Je vous ai voulu envoyer ce courrier en toute diligence tant pour vous advertir de ce qui s'est passé entre le sieur Don Francis (François de Alava, ambassadeur d'Espagne), et moy pour le faict du Colonel San Petro Corso, comme vous pouvez voir par ce que le Roy, Monsieur mon fils, vous en escript. Je vous envoye une lettre que le dict San Petro Corso en escript au Roy, Monsieur mon fils et à moy, que vous pourrez faire voir au Roi, Monsieur mon beau fils, affin qu'il congnoisse par là de quelle confidence nous procédons en toutes choses, qui nous touchent avec lui, et vous lui ferez trouver bon de veoir les dites lettres ci-dessus dont nous avons fait faire une copie collationnée que nul des subjects du Roy, Monsieur mon fils, ayt à secourir directement ou indirectement le dit Collonel, sous peine de la vie, et pareillement fait resserrer ses enfants plus directement qu'ils n'étaient, afin que cela le restient et que ce soit un témoignage de notre volonté à tout le monde, et si nous y pouvions faire davantage, nous le fairions voyr, comme je l'ay dit à l'ambassadeur requérant de faire davantage : il est en lieu là, où n'y avons nulle puissance de luy mal faire.

De Valence ce..... jour d'août 1564.

APPENDICE M.

Lettre du Roi Charles IX à M. de Saint-Sulpice.

Vous avez entendu depuis que San Petro Corso est allé en Corse, et l'occasion sur quoy il colore son voyage, et le malcontentement que j'en avoys, voyant ce qu'il avait faict et l'effort en quoy je me mis pour le faire retourner, et comme les Génevois au lieu de recognoistre le bon office, avaient été si osez et téméraires de faire prendre ma frégate et mettre deux de mes subjects à la chesne. Depuis le temps à mesure qu'il estoit vesnu quelques nouvelles en Provence des progrès du dict San Petro, j'en avais donné d'heure à aultre advis au sieur Don Francisque d'Alava, pour le mander au Roy, mon beau frère, affin de lui faire par là cognoistre comme en toute chose je voulais sincèrement procéder avecq luy et que si le dict San Petro estait en lieu où je puisse avoir moyen de luy mettre la main sur le collet et le chastier de cette entreprise, je le ferais de façon que luy et toute la Chrestienté cognoitroit combien je blâme et déteste toute nouveautée au préjudice des traités.

APPENDICE N.

Lettre du Cardinal de Granvelle au Baron de Bolwiller.

Besançon, 28 Août 1564.

Monsieur.... Les Français nyent fort et ferme que de leur volonté ny consentement San Petro Corso face ce qu'il faict.

Dieu sçait ce qu'il en est, et je sçai ce qu'ils en pensent. Mais s'ils passent plus avant et que l'on y voie aller secours de Marceilles, je tiens que le Roy, nostre Maistre, pour faire ce que convient sera contrainct de se déclarer de guerre contre les Français, et à la vérité en ce cas en aura par trop grande cause. Il a jà reçeu quelques coups de bâtons et luy en l'on tué son lieutenant et deffaict quelques gens. Aussi a l'on descouvert quelque intelligence qu'il avait sur San Fiorenzo avec quelques habitants de la ville, naturels de l'Isle de Corsique desquels l'on a exécuté jusqu'au nombre de XIII.

APPENDICE O.

Lettre du Cardinal de Granvelle au Baron de Bolwiller.

..... a l'on bon espoir de la Corsique et de venger San Petro Corso n'est que les Français facent de leurs tours accoutumés, et s'ils le font, je tiens pour certain qu'il y aura de la mêlée et en sont bien les Français advertis par notre Maître et ses ministres....

APPENDICE P.

Lettre de M. de Pétremol à M. de Boistaillé.

Constantinople, 29 Novembre 1562.

Le Colonel Sampietro Corso est icy arrivé, depuis quatre ou cinq jours avec les gallères qui sont retournées à Alger. Estant venu pour le même faict que vous avez heureusement exécuté à Venise, (la République avait accordé un secours d'argent à la France) j'ai doubte que ceux-cy ne facent difficulté de donner grâce sur grâce, encores que sa demande soit jusqu'à présent secrette entre luy et moy. Les magistrats des Princes Chrétiens ne pouvant découvrir la cause de sa venue en font divers discours, et même les Génevois, soudain qu'ils sçurent sa dépêche de la Cour, estimans qu'il venait pour avoir ou pour impétrer armée de ce Grand Seigneur pour se venger d'eux, ont envoyé secrettement à Cette Porte sonder la volonté du Bassa et sçavoir si leurs lettres et Ambassadeurs pouvaient icy seurement venir traicter quelque appointement, afin que leurs marchands y puissent trafiquer comme les Vénitiens et Florentins, et cependant noter ce pourquoy le Colonel étoit venu par deçà ; le Bassa, qui ne désire que repos à cet Empire et rendre amis tous les ennemis, leur a donné quelque bonne espérance.

APPENDICE Q.

Lettre de M. de Boistaillé au roi Charles IX.

En plusieurs parts de l'Italie a couru publiquement le bruit que Sampiero Corso avait esté dès l'an passé despêché en Levant de la part de V. M. pour animer ce grand Seigneur à mectre dehors une puissante armée de mer, et soubs son esle et faveur donner moyen au Roi de Navarre d'avancer sa récompense. La façon extraordinaire dont il a usé en son voiage qu'il a dressé par Alger, et sa qualité qui le faict remarquer par tout le monde pour homme d'exécution et d'entreprise, et non pour simple ministre, ont laissé quelque deffiance entre les serviteurs du Roy Catholique sachant que l'état présent de vos affaires ne vous permet pas de penser ailleurs, et que l'occasion de ce voyage estait fondée sur un secours d'argent que V. M. aurait fait demander au Grand Seigneur pour l'entretenement de cette guerre, j'en ay communiqué ce qu'il fallait pour oster tout soupçon.....

APPENDICE R.
Lettre de M. de Boistaillé à M. de Pétremol.

Sampiero a eu réponse d'un bon reffuz ayant pour ma part trouvé ce voiage d'autant plus estrange que l'on avait fait courir ici un bruyt qu'il s'était rendu Turc, et estait bien à deviner à ceux qui entendent cette négociation. Mais vous savez comment notre Court se gouverne aux affaires d'Estat, où les volontés ambitieuses de ceulx qui sçavent le moins font par l'importunité prendre souvent à nos princes des résolutions indignes de leur grandeur, et du tout esloignées de leur service ne pouvant penser sous quelle couleur on peut faire cette demande d'argent au Grand Seigneur pour l'y rendre persuasible.

Lettre du Duc Cosme de Médicis à l'abbé de Negro, son agent à Gênes.

Siamo avvisati per lettera di XVIII di novembre dal Bailo nostro di Pera come era arrivato quivi il Colonnello Sampiero Corso con dodici Capitani dell'Isola, et perchè non possiamo pensare che li disegni di questo huomo tendino se non a qualche tristo fine, ci è parso farvelo sapere acciochè in nome nostro lo faciate noto a quei Signori Illustrissimi... Da Pisa li VIII di gennaio 1563.

Lettre de M. de Pétremol à M. de Boistaillé.

Constantinople, 17 Janvier 1563.

Le sieur Colonel Sampetro Corso n'a peu obtenir sa demande : toutefois il ne veult, au contraire de ceux qui cherchent et sollicitent leur dépêche, recevoir la lettre et réponse du Grand Seigneur qui jà est toute prête, qu'il n'aye parlé derechef au Bassa, ce qu'il ne pourra faire d'un mois pour son indisposition d'un vieil coup d'arquebuse qui s'est apostumé et ouvert ; de sorte que depuis qu'il a baisé la main du Grand Seigneur, il a toujours été au lit, et n'est pas prêt à se lever.

Lettre de M. de Pétremol à M. de Boistaillé.

Constantinople, 29 Mai 1563.

Le sieur Colonel Sampetro Corso, depuis huit jours, a baisé la main du Grand Seigneur pour prendre congé et a eu bonnes et douces parolles asçavoir que tant que le Roy lui serait ami Sa Hautesse encores lui démonstreroit tous signes d'amitiés et l'aidera de tout ce qu'il pourra, mais de prester argent on n'en parle point. Le dit Colonel n'attend que les lettres du G. S. en response de celle du Roy et la commodité de son voyage de s'en retourner laquelle il espère avoir sur les trente gallères desquelles est capitaine Aly-Portuc, qui sont prestes à partir la seymaine prochaine pour passer avec quelque galliote ou en Tripoly ou en Algier, et de là à Marseille selon qu'il trouvera son expédient : j'ay grand peur qu'il ne demeure plus longtemps en chemin qu'il ne voudroit.

Lettre de Deodato de Casta à Cosme de Médicis.

Di nuovo ho inteso come li di passati Sampiero fu in Corsica da dove menò seco tre gentilhuomini, e duoi di quelli che erano seco lassò nell'Isola. A che fine se l'habbi fatto non si sà, e giunto che fù in Marsiglia montò a cavallo e andò a Zaisi, e quivi ammazzò la moglie, il cancelliere et il coco, e dopo in Compagnia dell'Imbasiador del Turco andò alla Corte.... Il tutto ho inteso da certi Francesi...

Di Pisa a di 28 agosto 1563.

Lettre de Vannina à la Seigneurie de Gênes.

Ill.me Ecc.me Sr. patrn mie sempre serenissime.

So più giorne che dal m.co sig. bertolomeo salvago vostra ill.ma signoria son stati ricercati a nome mio dotinere un salvo condutto per poter venir in questo loco di Gienova per far riverenzia alle ill.me signorie vostre erriconoscerlie per mic vere signore e patrone siendo stato tale l'anima mia molte anne sono dove da quelle mi fu conciesso alle quale io pensava con la presenzia poterle ringraziare del bene si erano dengniate a farmi ma la trista sorte che non prencipia adesso anzi incomincio quando io ebbi a far con persone che per sua causa fui levata di sotto potesta di miei patrone e signore non ciessa mai per seguitarmi pero le ill.me s.re v.re arandasapere che subito che io ebbi detto salva condutto con licenzia del signor di Muglione governatore di Marsiglia io mi missi in cammino per venir a far quanto era il desiderio mio verso miei padroni vinendo in un loco nomato il cavo dantibo fui asasinata da uno Antonio di S. Fiorenzo poco servitore a questa ill.ma casa (?) e da dodici altri corse diciendo me esser stati mandati dal sig. conte di fiesco e dal sig. di carsi che come amici del col. sampiero non volevano chio andassi in mano de sue inimici dove d.o Antonio venne tre o quatro volte per amazarme e dete di ferite alli povere servitore che eran con meco dopo che siamo state neloche (*nel luogo, nella terra*) dove io pensava poter dir la mia ragione ho fatto conoscier a tutto il mondo lasasinamento che miera stato fatto loro non sapiendo altro che dire dissino chio aveva fatto un tradimento a Marsiglia per dar la terra in mano de'genovesi dove allora tutto il mondo mi era contrario dopo non posiendo aparire quetto ano detto un mondo daltri cose a monsu de sumariva che sarebbe troppo gran discorso a volerli narare e in fra li altri lano deto saper per cosa cierta che li sig.ri di gienova per far disonore al coll. sampiero mi volevano rimaritare in un gintilomo genovese con un mondo dincariche che no so mai come il sud.o sig. de Sumariva conporte si andò dananzi a S. S. dove per conclusione io son quà prigione nelle mani del signor dantibo ben ristretta da non poter parlare a persona senza bone guardie e massimo a giente che vengano ho vadino in qua loco di gienova io non ho sin qui scritto cosa nissuna alle ill.me s.rie v.re sia per non aver avuta comodità come ancor per non darli suspetto davantaggio pero udendo che adesso le cose vano alla lunga e che fra q.o mezo il coll° potrebe ritornar dal suo viaggio che mi a figuro qual eror io avessi commesso contra di sua sig.ria mi sarebi perdonato ma questo di voler venir in questi parte lui non e mai per rimerterla dove mi la fara costar la vita pero mi e parso pigliar q.a resulezione ricorerme dalle ill.me s.rie v.re non gia perche io meriti che quelle debano pigliar q.a pena di legier q.a mia lunga e malcomposta letera ma per saper quanto lor signorie sono inclinate a far bene a tutti quelle che si le ricorgano e masime a lor suggiette e vassalle mi a dato animo chio mi piglie tal ardimento di farli intender la disgrazia mia suplicandole che per lamor dedio de degniarse scriver una lettera a monsu di sumariva e pregarlo sia contento lasarme seguir il mio viaggio pero parendo a v.ra ill.ma s.ria sia che sia a proposito farla che per non esserli più lunga faro con mie umil suplicatione fine pregando dio li felicite e prosperi lungamente dantibo adi 15 ginaro del 1563.

Di v.ra ill.ma s.ria.
Banina d'Or.º

FIN.

Publications de la Société :

Bulletin de la Société des Sciences Historiques et Naturelles de la Corse, années 1881-1882, 1883-1884, 1885-1886 et 1887-1890, 4 vol., 724, 663, 596 et 606 pages.

Lettres de Pascal Paoli, publiées par M. le docteur Perelli, deux vol., 600 et 752 pages.

Mémoires de Rostini, texte italien avec traduction française, par M. l'abbé Letteron, deux vol., 482 et 588 pages.

Memorie del Padre Bonfiglio Guelfucci, dal 1729 al 1764, 1 vol., 236 pages.

Dialogo nominato Corsica del R^{mo} Monsignor Agostino Justiniano, vescovo di Nebbio, texte revu par M. de Caraffa, conseiller à la cour d'appel, 1 vol., 120 pages.

Voyage géologique et minéralogique en Corse, par M. Emile Gueymard, ingénieur des mines, (1820-1821), publié par M. J.-M. Bonavita, 1 vol., 160 pages.

Pietro Cirneo, texte latin, traduction de M. l'abbé Letteron, 1 vol., 414 pages.

Histoire des Corses, par Gregorovius, traduction de M. Pierre Lucciana, 1 vol., 168 pages.

Corsica, par Gregorovius, traduction de M. P. Lucciana, deux vol., 262 et 360 pages.

(Ces trois derniers volumes font partie du même ouvrage).

Pratica delli Capi Ribelli Corsi giustiziati nel Palazzo Criminale (7 Maggio 1746). Documents extraits des archives de Gênes. Texte revu et annoté par M. de Caraffa, conseiller, et MM. Lucciana frères, professeurs, 1 vol. 420 pages.

Pratica Manuale del dottor Pietro Morati di Muro. Texte revu par M. de Caraffa, deux vol., 354 et 516 pages.

La Corse, Cosme Ier de Médicis et Philippe II, par M. A. de Morati, ancien conseiller, 1 vol., 160 pages.

La Guerre de Corse, texte latin d'Antonio Roccatagliata, revu et annoté par M. de Castelli, traduit en français par M. l'abbé Letteron, 1 vol., 250 pages.

Annales de Banchero, ancien Podestat de Bastia, manuscrit inédit, texte italien publié par M. l'abbé Letteron, 1 vol., 220 pages.

Histoire de la Corse (dite de Filippini), traduction de M. l'abbé Letteron, 1er vol., XLVII-504 pp. — 2e vol. XVI-332 pp. — 3e vol., XX-412 pp.

Deux Documents inédits sur l'Affaire des Corses à Rome, publiés par MM. L. et P. Lucciana, 1 vol., 442 pages.

Deux visites pastorales, publiées par MM. Philippe et Vincent de Caraffa, Conseiller, 1 vol., 240 pp.

Pièces et documents divers pour servir à l'Histoire de la Corse pendant la Révolution Française, recueillis et publiés par M. l'Abbé Letteron, 2 vol., 428 et 464 pages.

Procès-verbaux des séances du Parlement Anglo-Corse, du 7 février au 16 mai 1795, publiés par M. l'Abbé Letteron, 1 vol. de 560 pages.

BULLETIN

DE LA

SOCIÉTÉ DES SCIENCES HISTORIQUES ET NATURELLES DE LA CORSE

PRIX DU BULLETIN :

Pour les membres de la Société, un an . . . **10** fr.

ABONNEMENTS :

Pour la Corse et la France, un an . . . . . **12** fr.
Pour les pays étrangers compris dans l'union postale, un an. . . . . **13** fr.
Pour les pays étrangers non compris dans l'union postale, un an . . . . . . **15** fr.

NOTA. — Tout abonnement est payable d'avance, et se prend à l'année, du mois de janvier au mois de décembre.

S'adresser pour les abonnements à M. CAMPOCASSO, Trésorier de la Société, ou à la librairie OLLAGNIER, à Bastia.

Prix du fascicule : **3** francs